# MARCO POLO

W0040387

reisen mit

## Insider Tipps

# NAMIBIA

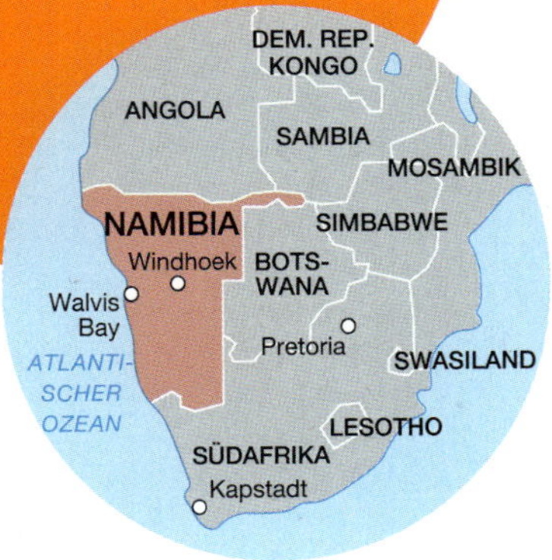

DEM. REP. KONGO

ANGOLA

SAMBIA

MOSAMBIK

**NAMIBIA**

SIMBABWE

Windhoek

BOTS-WANA

Walvis Bay

Pretoria

ATLANTISCHER OZEAN

SWASILAND

LESOTHO

SÜDAFRIKA

Kapstadt

### MARCO POLO Autor
### Christian Selz

Wie nah landschaftliche Schönheit und lebensfeind-
liches Klima in der Wüste Namibias beieinander-
liegen, erfuhr Christian Selz schon auf seiner ersten
Reise in das Land. Bei einem Ausflug in die Dünen
am Sossusvlei ging das Wasser aus. Eine Familie las
den halb verdursteten Wanderer unter einem Baum
auf. Heute arbeitet er als freier Journalist im südlichen Afrika – und plant seine Touren besser.

**www.marcopolo.de/namibia**

Die besten Insider-Tipps → S. 4

INSIDER TIPP

Best of ... → S. 6

Der Norden → S. 32

Die Namib → S. 44

**4**    **DIE BESTEN INSIDER-TIPPS**

**6**    **BEST OF ...**
- **TOLLE ORTE ZUM NULLTARIF** S. 6
- **TYPISCH NAMIBIA** S. 7
- **SCHÖN, AUCH WENN ES REGNET** S. 8
- **ENTSPANNT ZURÜCKLEHNEN** S. 9

**10**    **AUFTAKT**

**16**    **IM TREND**

**18**    **STICHWORTE**

**24**    **ESSEN & TRINKEN**

**28**    **EINKAUFEN**

**30**    **DIE PERFEKTE ROUTE**

---

**32**    **DER NORDEN**
**CAPRIVIZIPFEL, ETOSHA NATIONAL PARK, OSHAKATI, TSUMEB**

**44**    **DIE NAMIB**
**EPUPA FALLS, HENTIES BAY, NAMIB-NAUKLUFT NATIONAL PARK, SESFONTEIN, SKELETON COAST NATIONAL PARK, SOSSUSVLEI, SWAKOPMUND, TWYFELFONTEIN, UIS, WALVIS BAY**

**SYMBOLE**

INSIDER TIPP   Insider-Tipp

★   Highlight

●●●●   Best of ...

☼   Schöne Aussicht

☺   Grün & fair: für ökologische oder faire Aspekte

**PREISKATEGORIEN HOTELS**

€€€   über 150 Euro

€€   95–150 Euro

€   unter 95 Euro

Die Preise gelten pro Nacht für zwei Personen im Doppelzimmer mit Frühstück

**PREISKATEGORIEN RESTAURANTS**

€€€   über 14 Euro

€€   9–14 Euro

€   unter 9 Euro

Die Preise gelten für ein durchschnittliches Hauptgericht ohne Getränke

Titelthemen: Friedenssymbol Bwabwata National Park S. 34 | Künstlerszene in Katutura S. 81

# INHALT

## ZENTRALNAMIBIA  68
HELMERINGHAUSEN, OKAHANDJA,
OTJIWARONGO, REHOBOTH, STAMPRIET,
WINDHOEK

## DER SÜDEN  88
FISH RIVER CANYON, KEETMANSHOOP,
LÜDERITZ

---

## AUSFLÜGE & TOUREN  98

## SPORT & AKTIVITÄTEN  104

## MIT KINDERN UNTERWEGS  108

## EVENTS, FESTE & MEHR  110

## ICH WAR SCHON DA!  112

## LINKS, BLOGS, APPS & MORE  114

## PRAKTISCHE HINWEISE  116

## SPRACHFÜHRER  122

## REISEATLAS  126

## REGISTER & IMPRESSUM  142

## BLOSS NICHT!  144

Zentralnamibia → S. 68

Der Süden → S. 88

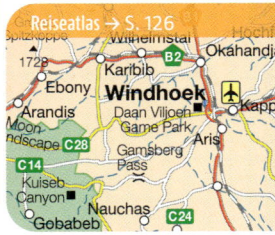

Ausflüge & Touren → S. 98

Reiseatlas → S. 126

**GUT ZU WISSEN**
Geschichtstabelle → S. 12
Kampf gegen die Ungleich-
heit → S. 21
Spezialitäten → S. 26
Afrikas jüngster Naturpark
→ S. 37
Die namibischen DDR-Kinder
→ S. 42
Die Riesen der Kalahari
→ S. 94
Bücher & Filme → S. 118
Währungsrechner → S. 119

**KARTEN IM BAND**
(128 A1) Seitenzahlen
und Koordinaten verweisen
auf den Reiseatlas
(0) Ort/Adresse liegt außerhalb des Kartenausschnitts
Es sind auch die Objekte mit
Koordinaten versehen, die
nicht im Reiseatlas stehen
Karten von Swakopmund,
Windhoek und Lüderitz finden Sie im hinteren Umschlag

**UMSCHLAG HINTEN:
FALTKARTE ZUM
HERAUSNEHMEN →**

**FALTKARTE 🗺**
(🗺 A–B 2–3) verweist auf
die herausnehmbare Falt-
karte

# Die besten MARCO POLO Insider-Tipps

**Von allen Insider-Tipps finden Sie hier die 15 besten**

**INSIDER TIPP ▶ Ausflug mit Spaßfaktor**
Im nördlichen Teil des Dorob National Park wächst hübsches Edelweiß neben farbenfrohen Flechten rund um einen alten Krater. Mit Ghost Coast Tours ist der Weg dorthin besonders unterhaltsam → S. 48

**INSIDER TIPP ▶ Zu Gast bei Dickhäutern**
Die Madisa Campsite am Fluss Guantegab bietet Ihnen Übernachtungen unterm Sternenhimmel und liegt an der Wanderroute der Wüstenelefanten → S. 61

**INSIDER TIPP ▶ Ewiges Wasser**
Der kleine Ongongowasserfall stürzt in einen natürlichen Pool und bietet Besuchern kühle Erfrischung im staubig-heißen Kaokoveld → S. 52

**INSIDER TIPP ▶ Swakopmund aufs Dach geguckt**
Von ihrem höchsten Gebäude, dem Damaraturm des Woermannhauses, sehen Sie der Wüstenstadt beim Wachsen zu → S. 56

**INSIDER TIPP ▶ Feine Tropfen aus trockenen Böden**
Nur drei Weingüter gibt es in Namibia. Die Kristallkellerei ist das älteste. Sie lädt ihre Besucher zur Verkostung mit leckeren Häppchen ein. Und hinterher können Sie sogar hier übernachten → S. 64

**INSIDER TIPP ▶ Göttliche Genüsse**
In einer ehemaligen Kirche bringt der französische Spitzenkoch David Thomas sein Handwerk zur Perfektion und schickt Ihre Geschmacksknospen in den siebten Himmel. Lassen Sie sich verwöhnen – im Lyon des Sables in Walvis Bay → S. 65

**INSIDER TIPP ▶ Auge in Auge mit der Tierwelt**
Am Wasserloch des Camps Okaukuejo sind tagsüber Zebras zu Besuch und abends Elefanten und Nashörner Stammgäste. Beobachten können Sie die Tiere auch in der Dunkelheit, denn die Wasserstelle ist beleuchtet (Foto o.) → S. 38

**INSIDER TIPP** Seeidyll im Nirgendwo

Kleine Buntbarsche spielen im wundersamen Lake Guinas, der mitten auf dem platten Land liegt. Kein Mensch und kein Laut werden Sie hier stören → S. 43

**INSIDER TIPP** Kompakte Geschichte

Nur zwei Kunstwerke braucht es, um die Geschichte Namibias zu erklären – und den Wandel des Landes. Zu sehen sind die Gemälde im Office of the Prime Minister in Windhoek → S. 82

**INSIDER TIPP** Viel mehr als nur nett

Im NICE, Namibias Kochakademie, lernen angehende Küchenchefs ihr Handwerk und bereiten Gästen neue Geschmackserlebnisse (Foto u.) → S. 84

**INSIDER TIPP** Gourmethäppchen fürs Township

Auf dem Single Quarters Meat Market kommt das Fleisch direkt vom Holzgrill – die Locals wissen, was schmeckt! → S. 85

**INSIDER TIPP** Sei kein Esel

Auf der Maultierwanderung durch den Fish River Canyon tragen die Tiere die Last. Erdrückt werden können Sie nur von der Schönheit der Schluchtenlandschaft → S. 90

**INSIDER TIPP** Urzeittiere im Köcherbaumwald

Wo einst ein See war, liegen heute versteinerte Mesosaurier. Mindestens genauso beeindruckend ist die Landschaft rund um die Mesosaurus Fossil Site → S. 109

**INSIDER TIPP** Wanderndes Klassenzimmer

Auf einem Fußmarsch am Rande der Namib genießen Sie die Natur – und studieren mit den Karten der Uni Hannover auch die Geologie der Umgebung → S. 51

**INSIDER TIPP** Aus dem Meer in den Mund

Frischer und in schönerer Atmosphäre als auf der Zeepaard können Sie Austern nicht essen → S. 109

# BEST OF ...

**SPAREN**

● *Ein Foto vom Schiffsskelett*

Das *Wrack der Zeila* nahe Henties Bay ist ein herrliches Fotomotiv. Und weil es außerhalb des Skeleton Coast National Park angespült wurde, müssen Sie nicht mal Eintritt zahlen, um es zu sehen → **S. 49**

● *Freier Blick in die heimische Flora*

Kaum raus aus der Innenstadt, tauchen Sie im *Botanischen Garten* von Windhoek in die geballte Vielfalt der namibischen Pflanzenwelt ein. Nach dem kostenlosen Rundgang lassen Sie sich auf dem Picknickplatz zum mitgebrachten Mittagessen nieder → **S. 80**

● *Auf der Düne*

Die *Düne Sieben*, die höchste des Küstengürtels, liegt zwar in einem Nationalpark. Wenn Sie den Ausblick von oben genießen wollen, müssen Sie trotzdem keinen Cent, sondern nur viel Kraft und Puste aufwenden → **S. 66**

● *Unterwegs im Mopanewald*

Der alte, knorrige *Salambala Forest* lädt südlich von Katima Mulilo zu Spaziergängen ein. Wenn Sie auf dem nahen Campingplatz übernachten, bekommen Sie sogar eine kostenlose Tour durch den Wald. Gästen zeigen die Betreiber gern den Reiz ihrer Heimat → **S. 37**

● *Wilde Pferde ganz nah*

Die Wasserstelle der *wilden Pferde von Garub* ist nicht nur für die Tiere, sondern auch für Besucher frei zugänglich – obwohl sie streng genommen zum Namib-Naukluft National Park gehört. Investieren Sie das gesparte Geld bitte nicht in Zuckerstückchen, es gibt keine Zahnbürsten in der Namib! (Foto) → **S. 97**

● *Kleine Kunstschule, großes Talent*

In der winzigen *School of Arts* in Rehoboth lernen Nachwuchskünstler von einem Profi. Ihre Werke besichtigen Sie kostenlos in einer Minigalerie, und während des Unterrichts dürfen Sie den Schülern sogar kurz über die Schulter schauen → **S. 77**

●●●● Diese Punkte zeichnen in den folgenden Kapiteln die Best-of-Hinweise aus

# TYPISCH NAMIBIA
## Das erleben Sie nur hier

● *Klarer Sternenhimmel am Vulkan*
Namibia ist das Land der funkelnden Himmelslichter und lang gezogenen Sternschnuppen. Am erloschenen Vulkan *Brukkaros* finden Sie ideale Bedingungen für den Blick in den Himmel vor: Weit und breit gibt es keine andere Lichtquelle – auch der kleine Campingplatz hat keinen Strom → S. 93

● *Mutprobe zur Vorspeise*
Andere Kulturen, andere Speisen: Im Norden Namibias gelten Mopaneraupen als Delikatesse. Das Restaurant *Xwama* in Windhoek hat sich der Küche der Region verschrieben und serviert die Tierchen lecker frittiert. Guten Appetit! → S. 85

● *Erhabener Felsenthron als Naturkunstwerk*
Unendlich weite Flächen mit einsamen Erhebungen prägen die Landschaft in weiten Teilen Namibias. Die *Spitzkoppe* ist einer der markantesten Berge. Im Lauf der Zeit hat die Natur kunstvoll geschliffene Felsformationen erschaffen. Suchen Sie sich Ihre persönliche Klippe und genießen Sie den perfekten Rundumblick! → S. 60

● *Sonnenuntergang über roten Dünen*
Es muss nicht immer Sossusvlei sein: Von der *Kalahari Anib Lodge* aus unternehmen Sie eine kleine Tour auf die roten Dünen der Kalahari. Hier ist es wesentlich einsamer. Und während die Sonne über der Wüste untergeht und den Tag ausknipst, können auch Sie hervorragend abschalten → S. 78

● *Aus der Zeit gefallenes Diamantendorf*
Tauchen Sie ein in die Vergangenheit und spüren Sie dem Diamantenrausch nach. Mit nostalgischem Charme trotzen die verlassenen Prachtbauten in der Geisterstadt *Kolmanskop* den Wanderdünen (Foto) → S. 97

● *Zeltabenteuer in der Wildnis*
Wenn sich die Sonne hinter die Baumkronen senkt, kommen die Flusspferde zum Grasen aus dem Wasser, und im Wald krachen die Äste unter dem gierigen Griff einer Elefantenherde. Auf den hundert Metern zwischen den beiden Gruppen sitzen Sie dicht am Lagerfeuer. Im Zeltcamp *Bum Hill* ist die wilde Natur Caprivis ganz nah → S. 34

**TYPISCH**

# BEST OF ...

## SCHÖN BEI STURM UND REGEN
Aktivitäten, die Laune machen

● **Diamantenschau**
Der Drink am Empfang der *Diamond Works* geht aufs Haus, anschließend lernen Sie auf einer kleinen Tour das Diamantengeschäft kennen und schauen den Handwerkern auf die Finger. Wer danach ein Steinchen kauft, hat eine Erinnerung fürs Leben, wer darauf verzichtet, trotzdem eine schöne Zeit → **S. 85**

● **Markt der Kreativität**
Wenn Sie in der schier endlosen Vielfalt des namibischen Kunsthandwerks auf dem *Old Breweries Craft Market* stöbern, hellt sich Ihr Gemüt ganz schnell auf – auch wenn draußen dunkle Wolken hängen → **S. 85**

## WETTER

● **Aufstrebende Kunst in historischer Behausung**
Gleich zwei Kunstschulen haben sich im Küchengebäude des alten Migrant Worker Hostel angesiedelt. Beim Besuch im *Katutura Community Arts Centre* nähern Sie sich der dunklen Vergangenheit des Townships Katutura genauso wie seiner schöpferischen Gegenwart → **S. 81**

● **Lichtspiele am Nachmittag**
Die prächtigen Bleiglasfenster erzeugen in der *Felsenkirche* in Lüderitz ein optisches Erlebnis der besonderen Art – auch wenn draußen Stürme über die Küste toben (Foto) → **S. 94**

● **Hinter den Kulissen der Tilapiazucht**
Wenn Sie freundlich nachfragen, führt man Sie im *Freshwater Fish Institute* am Hardap Dam gern durch die Fischzuchtanlage. Und eine Handvoll Futter dürfen Sie auch extra in die Tanks werfen → **S. 79**

● **Sonniges Kunsthandwerk im Township**
Im Projekt *Penduka* in Katutura entstehen fantastische Stickereien und funkelnder Glasperlenschmuck. Bei einer Tour durch die Räume erleben Sie, mit welcher Hingabe sie hergestellt werden → **S. 83**

# ENTSPANNT ZURÜCKLEHNEN
## Durchatmen, genießen und verwöhnen lassen

● **Seelenruhe am Okavango**
Von Flusssandmassagen bis zur Sauna fehlt es im *Divava Okavango Lodge & Spa* an nichts. Lassen Sie Beine und Seele baumeln – nur nicht im Fluss, denn dort schwimmen Krokodile → **S. 36**

● **Natürliche Gelassenheit im Nationalpark**
Motor aus, Entspannung an: Im *Etosha National Park* gibt es keinen Preis für die meistgefahrenen Kilometer. Stellen Sie sich am Rand der Pfanne auf einer Halteschleife in die Grassteppe, lauschen Sie der Natur und halten Sie den Atem an, wenn das Löwenrudel, auf das Sie schon den ganzen Tag warten, plötzlich neugierig die Köpfe aus dem hohen Gras hebt (Foto) → **S. 38**

● **Wellness mitten in der Steinwüste**
Besonders nach einer kühlen Winternacht sind die */Ai-/Ais Hot Springs* eine wunderschöne Wohlfühloase. Das Massagenangebot im Spa ist die passende Ergänzung → **S. 91**

● **Ruhige Terrasse über der Hauptstadt**
Während in der City der hektische Alltag tobt, können Sie Windhoek ganz bequem bei einem Stück Kuchen und einem Cappuccino von der Caféterrasse des Restaurants *Leo's at the Castle* überblicken – zurücklehnen, Arme hinter den Kopf werfen und einmal innerlich laut „Urlaub" sagen! → **S. 84**

● **Einsamkeit am Canyon**
Der *Kuiseb Canyon* ist ein stiller Ort: Setzen Sie sich an den Rand der Schlucht, packen Sie am späten Nachmittag den Picknickkorb aus, und genießen Sie die Schattenspiele der tief stehenden Sonne, die Ruhe und schließlich den klaren Sternenhimmel → **S. 50**

● **Spa am Meer**
Mit römischem Bad, Sauna und beheiztem Whirlpool ist der Wellnessbereich des *Sea Side Hotel & Spa* in Swakopmund eine Oase der Ruhe, auch wenn vor dem Fenster der eiskalte Atlantik tobt → **S. 59**

**AUFTAKT**

# ENTDECKEN SIE NAMIBIA!

Zuerst erscheint das Schild wie ein schlechter Witz. Mitten in der monotonen Trocken-heit der Kalahari hat jemand einen Wegweiser mit der Aufschrift „Waterval" an die Straße gestellt. Ein Wasserfall in der Wüste? Die Sache wirkt wie ein Lausbubenstreich in einer Gegend, in der man nicht einmal Lausbuben vermuten würde.

Doch 2 km weiter endet der schmale Schotterpfad tatsächlich in einer schlammi-gen Senke, an deren Ende eine Gischtwolke auf das Naturschauspiel aufmerksam macht. Unter kräftigem Rauschen fällt der Fish River, der sich ansonsten unauffällig wie eine scheue Wasserschlange durch die mal steinig-harsche, mal sandig-flache Landschaft schlängelt, an einer Felskante 10 m in die Tiefe. Wie zum Beweis für die Unberechenbarkeit der Region zieht wenig später ein kurzer Regenschauer auf, des-sen Tropfen im Sonnenlicht einen doppelten Regenbogen über die endlose Weite der Kalahari spannen. Namibia ist ein Land unerwarteter Kontraste, und wäre der Titel nicht bereits anderswo vergeben, ließe es sich auch als Land der unbegrenzten Möglichkeiten bezeichnen.

Bild: Dünen am Dead Vlei

„Unbegrenzt" ist zumindest immer häufiger das Stichwort für die Naturparks und Schutzgebiete Namibias. In der nördlichen Namib können Wüstenelefanten wieder ungestört von Zäunen und Jägern ihren natürlichen Migrationsrouten folgen, die sich am Wasser orientieren und die wie GPS-Koordinaten fest im Gedächtnis der Leittiere verankert sind. Mit den Elefanten genießen immer mehr Nashörner, Antilopen, Zebras, Löwen und Leoparden die Freiheit in einer Region, die komplett aus *conservancies* besteht. In diesen Schutzgebieten ist das Zusammenleben von Mensch und Natur von offizieller Seite geregelt. Die Einzigen, die hier heute noch hinter Zäunen wohnen, sind Menschen – hauptsächlich Damara, Herero und Himba – und deren Nutztiere.

In einem Gebiet, in dem Metalltonnen auf Karten eingezeichnet sind, weil sie vor lauter Trockenheit nicht verrosten und so über Jahre hinweg gute Orientierungspunkte sind, hat sich auch das Leben lange Zeit kaum verändert. Namibia ist ein traditionstreues Land. Das fällt bei den Himba sofort ins Auge, die noch immer größtenteils in Lendenschurze gekleidet in Runddörfern leben – ohne Strom, jedoch auch ohne Hektik. Die Tradition prägt aber

**Namibia ist ein traditionstreues Land**

genauso Ortschaften wie Lüderitz oder Swakopmund und selbst die Hauptstadt Windhoek, deren Architektur und Erscheinungsbild fast zu urdeutsch sind, um heute überhaupt noch an Deutschland zu erinnern. Doch die Zeit bleibt auch in Namibia nicht stehen: Die Himba schicken ihre Kinder zur Schule, wo sie in Internaten leben und Poster von Cristiano Ronaldo und Bastian Schweinsteiger an ihre Wände hängen. Die Urenkel deutscher Kolonialisten sprechen heute besser Englisch als Deutsch und ziehen ein Studium in Südafrika dem namibischen Farmleben vor. Und noch etwas fällt auf: Schneller als der große Nachbar im Süden scheint Namibia die Grenzen der Apartheid einzureißen, die unter südafrikanischer Herrschaft auch hier bis 1990 die Gesellschaft nach Hautfarben in Besitzer und Besitzlose, in Unterdrücker und Unterdrückte teilte.

Natürlich brauchen so tiefe Narben auch in Namibia noch Zeit, um vollständig zu verheilen, natürlich gibt es auch hier noch Konflikte zwischen Schwarz und Weiß, vor allem wenn es um die Landfrage geht. Die Reform nach dem Prinzip „williger Käufer, williger Verkäufer" kommt nur schleppend voran. Und dennoch: Im Alltag ist deutlich zu sehen, wie die Barrieren bröckeln und sich die Bevölkerungsgruppen in

**Um 10 000 v. Chr.**
Die San siedeln als erste Menschen im südlichen Afrika, auch im heutigen Namibia. Sie leben nomadisch als Jäger und Sammler

**100 bis 500 n. Chr.**
Durch Einflüsse von Völkern aus dem südlichen Zentralafrika beginnen zunächst die Nama im Süden des heutigen Namibias mit der Viehhaltung

**1486**
Der Portugiese Diogo Cão landet als erster europäischer Seefahrer an der Küste und errichtet für seinen König ein Steinkreuz am heute danach benannten Cape Cross. Die Gegend erscheint ihm jedoch zu karg für eine Besiedlung

Beschaulich schön: der Innenhof eines neuen Einkaufszentrums in der Hauptstadt Windhoek

den Wohnvierteln, Einkaufszentren, Sportvereinen und Cafés ganz selbstverständlich vermischen. Noch 1990 war Namibia davon weit entfernt. Erst nach Ende der südafrikanischen Besatzung und des von den Truppen des Apartheidregimes befeuerten Bürgerkriegs im angrenzenden Angola erholte sich das Land – und mit ihm die Natur.

Besonders anschaulich wird das im noch bis in dieses Jahrtausend hinein heftig umkämpften Caprivizipfel. Heute gra-

**Heute passieren Elefanten einst schwer bewachte Grenzen**

sen dort Antilopen auf den Ruinen ehemaliger Armeelager, Elefanten passieren einst schwer bewachte Grenzen, Löwen jagen, wo früher ganze Dorfgemeinschaften um ihr Leben bangten. Die Beziehungen zwischen Namibia und seinen Nachbarländern

**16. Jh.**
Die Herero wandern, vermutlich aus Ostafrika, als erstes Bantuvolk über den Kunene nach Namibia ein

**1883**
Adolf Lüderitz kauft den Nama ein Stück Land ab und gründet die Stadt Lüderitz. Ein Jahr später wird das Land zur Kolonie Deutsch-Südwestafrika erklärt – freilich ohne Mitspracherecht für die dort lebenden Menschen

**1904–1907**
Mit einem erbarmungslosen Völkermord schlagen deutsche Truppen den Widerstand der Nama und Herero nieder. 80 Prozent der Herero und 50 Prozent der Nama finden den Tod

Landschaft und Natur Namibias versetzen europäische Besucher immer wieder in Staunen

sind inzwischen so gut, dass eine gemeinsame Kommission rund um die Okavango-Sambesi-Region einen riesigen Friedenspark plant. Der dann größte Nationalpark des Kontinents soll Naturschutzgebiete in Botsuana, Simbabwe, Sambia, Angola und Namibia vereinen und für Touristen – so die Vision – bald mit einem einzigen Visum zu erkunden sein.

Längst ist der Tourismus mit einem Anteil von 14,5 Prozent am Bruttosozialprodukt zum Hauptwirtschaftszweig des Landes geworden – noch vor Bergbau und Landwirtschaft. Der Sektor soll sich auch weiterhin entwickeln, allerdings nicht um jeden Preis. Massentourismus kann das Land, das mehr als doppelt so groß ist wie Deutschland, aber mit rund 2,1 Mio. Ew. extrem dünn besiedelt, nicht vertragen – weder ökologisch, noch sozial und kulturell. Namibia braucht nachhaltigen Tourismus, der seine sensiblen Ökosysteme nicht zerstört und gleichzeitig die lokale Bevölkerung profi-

**1915**
Im Zuge des Ersten Weltkriegs besetzt Südafrika die Kolonie. Nach Kriegsende wird Südafrika zur Mandatsmacht erklärt

**1947**
Südafrika annektiert Namibia. Ein Jahr später kommt es zur Einführung der Apartheid

**1960**
Die South West Africa People's Organization (Swapo) wird als namibische Befreiungsbewegung gegründet

**1966**
Die Uno entzieht Südafrika das Mandat für Südwestafrika und benennt das Gebiet 1968 in Namibia um

tieren lässt. Die seit 1990 demokratisch gewählte Regierung weiß das und lenkt die Entwicklung in Richtung hochpreisiger Lodgeangebote. Individualreisende finden in Namibia aber fast überall noch immer genügend kleine Gasthäuser und gepflegte, ruhige Campingplätze für ein kleineres Budget.

Der Großteil der Urlauber kommt aus Deutschland. Angesichts der vielen deutschstämmigen Einwohner, Nachfahren von Siedlern, verwundert das zunächst nicht. Schließlich sorgen sie dafür, dass es in Namibia auch mehr deutschsprachige Tourismusangebote gibt als in den Nachbarländern. Vor dem Hintergrund der namibischen Geschichte ist es trotzdem erstaunlich. Denn von 1884 bis 1915 litt Namibia – damals Deutsch-Südwestafrika genannt – wie kaum ein zweites Land unter deutscher Kolonialherrschaft. Die

> **Die Menschen wollen Besuchern die eigene Kultur zeigen**

deutsche sogenannte Schutztruppe vernichtete die einheimischen Nama und Herero zwischen 1904 und 1907 zunächst militärisch und trieb die Überlebenden anschließend in die Wüste. Bis zu 100 000 Menschen kamen um, nur wenige Einheimische blieben am Leben. In deutschen Universitätskellern lagern sogar heute noch geraubte Schädelknochen, die einst den Beweis für die vermeintliche Überlegenheit der weißen Rasse liefern sollten. Hass oder gar Vergeltungsgelüste sind den Namibiern trotzdem fremd. Gäste werden herzlich willkommen geheißen. Gerade auf dem Land liegt den Menschen viel daran, interessierten Besuchern die eigene Kultur zu zeigen.

Wenn Sie sich darauf einlassen, werden Sie ein stabiles Land im Wandel erleben. Namibias einsame, weite Savannen, sein unwirklich klarer Sternenhimmel, seine eleganten Antilopenherden, seine majestätischen Sanddünen und seine raue Küste ziehen darüber hinaus jeden in ihren Bann, der sich die Zeit

> **Weite Savannen, majestätische Sanddünen und eine raue Küste**

nimmt, ihre Macht wirken zu lassen. Namibia ist kein Land, in dem Sie in 14 Tagen Dutzende Sehenswürdigkeiten abarbeiten müssen. Wer es lernt, Namibias Weite und eigenes Tempo zu respektieren, wird sich verlieben – und wiederkommen.

**1990** Namibia wird unabhängig. Erster gewählter Staatspräsident ist Sam Nujoma

**2005** Hifikepunye Pohamba wird Nachfolger Nujomas als Staatspräsident

**2009** Pohamba wird mit über 75 Prozent der Stimmen wiedergewählt

**2011** Die Berliner Charité übergibt erstmals 20 Schädel von Nama und Herero an eine namibische Delegation. Während des deutschen Völkermords waren Tausende Schädel getöteter Gefangener nach Deutschland gebracht worden

# IM TREND

## 1 Speed Badminton

***Anytime, anywhere*** Der Schläger kommt immer häufiger und schneller zum Einsatz: Speed Badminton kann man überall und ohne Netz spielen. Das erste Team des Landes ist *Speedminton Namibia South Africa (www.facebook. com/speedmintonNamSA)*. Die Mitglieder spielen regelmäßig auf dem Sportgelände der *Delta School Windhoek (Robert Mugabe Avenue, Ecke Heinitzburg Street)*. Mehr Informationen zu Ausrüstung und Events gibt *www.speedminton.co.za.*

## Shop & stop

## 2

***Unter einem Dach*** Das Erfolgsrezept der angesagten Boutiquen ist einfach. Zu ihrem Angebot gehören auch Kaffee und Snacks. So wie im *Wecke & Voigts (im Gustav Voigts Centre, 129 Independence Avenue, Windhoek, Foto)*, wo Sie genüsslich Cappuccino schlürfen, während Sie nach Wohnaccessoires oder Kunsthandwerk Ausschau halten. Im *Pandora's Box & Café (im Woermann & Brock Centre, Ankerplatz, Swakopmund)* gibt es auch herzhafte Leckereien – die ideale Ergänzung zum süßen Sortiment des Ladens. Verkauft wird u. a. Schokolade aus Omaruru.

## 3 Mit Statement

***Kunst*** Namibias Künstlerinnen haben eine Message. So wie Imke Rust, deren Skulptur *Weeping Women (im Etosha National Park, imkerust.com, Foto)* von trauernden Müttern erzählt. Nicky Marais fasziniert die politische Bildsprache, die sie in abstrakten Bildern thematisiert. Das Windhoeker *Augustineum (Florence Nightingale Street)* hat sie mit einer Wandmalerei versehen. Das *Franco Namibian Cultural Centre (118 Robert Mugabe Avenue, Windhoek, www.fncc.org.na)* ist bekannt für seine engagierten Ausstellungen.

# Ab ins Camp

*Naturerlebnis* Mit den Zeltplätzen aus Schülerzeiten haben Namibias Luxuscamps wenig gemein. Statt nachts in den Schlafsack zu kriechen, betten Sie sich in der *Eagle Tented Lodge (Etosha National Park, www.leadinglodges.com)* auf bequemen Polstern im Luxuszelt, selbst ein Spa gehört dazu. Duschen unter freiem Himmel können Sie im *Doro Nawas Camp (Aba-Huab River Valley, Damaraland, www.wilderness-safaris.com)*. Die Unterkünfte fügen sich perfekt in die wilde Landschaft ein. Die ideale Mischung aus naturnahem Erlebnis und dem Komfort der teuren Lodges! Einen Blick auf die weltbekannten roten Dünen am Sossusvlei bietet das *Little Kulala Camp (www.wilderness-safaris.com, Foto)*. Vom *skybed* auf dem Dach der klimatisierten Hütten können Sie nachts Sterne zählen.

# Herbes Namibia

*Bier* Über die Landesgrenzen hinaus ist das Bier Namibias bekannt und geschätzt. Der Gerstensaft hat schon einige Preise gewonnen – wohl auch weil vielerorts nach dem deutschen Reinheitsgebot gebraut wird. Die Mikrobrauerei *Camelthorn (76 Nickel Street, www.camelthornbrewing.com, Foto)*, die in Windhoek vier Biersorten produziert, lernen Sie bei einer Führung kennen. Nicht ganz den deutschen Vorschriften entsprechend sind die Fruchtbiere mit Marula, die es z. B. in der *Fashion Bar (43 Banhoff Street)* in Windhoek gibt. Wer sich durchs namibische Sortiment probieren will, macht eine Brauereitour und Verkostung mit *Roots of Africa (www.rootsofafrica.com)*. Dabei steht auch die größte Brauerei des Landes, *Namibia Breweries (www.namibiabreweries.com)*, auf dem Plan.

# STICHWORTE

## BEVÖLKERUNG UND SPRACHEN

Namibia ist dünn besiedelt, aber reich an unterschiedlichen Kulturen. Seine Einwohner sprechen mehr als 30 Sprachen und Dialekte. Die einzige offizielle Amtssprache, Englisch, ist nur für zwei Prozent der Namibier Muttersprache. Die Ovambo stellen die größte Bevölkerungsgruppe, deshalb ist ihr Oshivambo die am weitesten verbreitete Muttersprache; häufig sind daneben auch Damara-Nama, Herero, RuKwangali und die verschiedenen Klicksprachen der San. Hauptbegegnungssprache, vor allem zwischen Schwarzen und Weißen, ist Afrikaans, die Muttersprache von 60 Prozent der weißen Bevölkerung. Auch Deutsch wird in Namibia noch häufig gesprochen, vor allem in den touristischen Zentren. Verständigungsprobleme gibt es trotz der Vielfalt höchst selten und generell immer weniger, da sich Englisch als Schulsprache durchsetzt.

Die ersten Siedler auf dem Gebiet des heutigen Namibias waren die nomadisch lebenden San. Später wanderten Vieh haltende Bantuvölker aus Norden und Westen zu, und schließlich kamen europäische Siedler sowie die Rehobother Baster, Mischlinge aus Südafrika. Das Konzept von Landbesitz, das die Spätankömmlinge aus Europa mitbrachten, hat die Lebensweise der San heute vollständig zerstört – trotz der endlosen, menschenleeren Weite ist für die Kultur der ersten Namibier kein Platz mehr.

Bild: Bäume im Namib-Naukluft National Park

## Naturschutz und Narren: Vom wertvollsten Schatz der Namibier und vom rheinischen Frohsinn im deutschesten Land Afrikas

### DACHZELTE

Was dem Holländer sein Wohnwagen, ist dem Namibier sein Dachzelt. In wenigen Minuten aufgebaut, spart die Vorrichtung nicht nur Stauraum, sondern auch Zeit. Außerdem bietet sie aufgrund ihrer Position auf dem Dach des Autos Schutz vor umherschleichenden Tieren. Die einzigen Nachteile: Die Kopflastigkeit der Geländewagen erhöht sich etwas, und ganz so stromlinienförmig und spritsparend kommt Ihr Vehikel auch nicht mehr daher.

### DENKMÄLER

Das Reiterdenkmal aus der deutschen Kolonialzeit thront, wenn auch um 100 m versetzt, noch immer über der Hauptstadt Windhoek. Auch der Heldenfriedhof der deutschen Soldaten am Waterberg, wo das Hauptschlachtfeld während des Völkermords an den Herero lag, ist weiterhin ordentlich und gepflegt. Lediglich eine kleine Metallplakette erinnert an die Opfer unter den Hererokriegern, nichts an die Zivilisten. Manchen Besucher mag das wundern, es steht aber für eine Herangehensweise, die nicht verdrängen, sondern erinnern will – im Originaltext und unverfälscht. Statt Zeugen der Geschichte abzureißen, hat die neue Regierung sie ergänzt und mit dem *Heroes' Acre* ein Mahnmal für

auf heftigen Widerstand der dort lebenden Himba, die ihr Land gefährdet sehen. Auch Sonnenenergie und Windkraft werden zunehmend erprobt. Im Moment importiert Namibia jedoch die Hälfte seines Stroms aus Südafrika und Sambia.

Diese Graffiti sind Unesco-Weltkulturerbe: jahrtausendealte Felsmalereien in Twyfelfontein

die Opfer des Befreiungskampfs geschaffen. Dass der Bau mit seiner in Nordkorea gefertigten Soldatenstatue eher stalinistisch als freiheitsliebend wirkt, steht auf einem anderen Blatt.

## ENERGIEVERSORGUNG

Namibia hat noch keine eigenen Erdölquellen erschlossen, auch wenn Erkundungen, vor allem im Atlantik, bereits laufen. Wegen der großen Entfernungen im Land machen Verkehr und Transport 50 Prozent des Energieverbrauchs aus. Den größten Teil davon deckt Erdöl ab, das aus Südafrika importiert wird. Strom gewinnt Namibia – etwas überraschend für ein so trockenes Land – zum Großteil aus Wasserkraft. 50 Prozent des Bedarfs deckt das Kraftwerk bei Ruacana. Ein weiteres Wasserkraftwerk ist unterhalb der Epupafälle geplant. Es stößt jedoch

## FAUNA

Die Wildtierbestände sind, auch wirtschaftlich gesehen, einer der wichtigsten Schätze des Landes – schließlich gibt es ohne Löwen und Elefanten kaum Safaritourismus. Entsprechend großen Wert legt Namibia darauf, seine Fauna zu schützen, z. B. durch Einrichtung von Nationalparks und Konzessionsgebieten sowie durch Auswilderungsprogramme. Im lange kriegserschütterten Caprivi leben wieder riesige Elefantenherden, und selbst am Rand der Namib im Nordwesten haben sich die Bestände an frei lebenden Wüstenelefanten und Nashörnern prächtig erholt. In den großen Nationalparks sind die Wildbestände ohnehin gesund, und Oryxantilopen, Kudus und Springböcke sind im ganzen Land so zahlreich, dass es nicht ratsam ist, nachts Auto zu fahren.

## FELSMALEREIEN UND -GRAVUREN

Nicht in Stein gemeißelt, aber immerhin auf Stein gemalt sind vielerorts die Spuren der ersten menschlichen Besiedlung durch die San. Manche der noch erhaltenen Felsmalereien, die in der Regel Tiere, Jagdszenen oder traditionelle Bräuche abbilden, sind bis zu 4000 Jahre alt. Wo es das Gestein zuließ, haben die Künstler ihre Werke auch in den Felsen eingraviert, so beispielsweise in Twyfelfontein, einer Unesco-Weltkulturerbe-Stätte.

## FLORA

Auch wenn man teilweise genau hinschauen muss: Namibia ist ein dicht bewachsenes Land. In der Steinwüste der nördlichen Namib entfalten sich Flechten, sofern sie nur einen Tropfen Feuchtigkeit ergattern können. Talerbüsche speichern in ihren fleischigen Blättern Wasser, und jahrhundertealte Welwitschias trotzen mit nur zwei Blättern der Trockenheit. Tamarisken können sogar mit versalzenem Wasser überleben, dessen Mineralien sie über die Blätter ausscheiden und gleichzeitig als Sonnenschutz nutzen. Weiter landeinwärts bestimmen sperrige Euphorbienbüsche das Bild in einer dürren Graslandschaft, die nur in Regenjahren sprießt und rund um die Etoshapfanne in Grassteppe und Dornbuschsavannen übergeht. Charakteristischste Pflanze des Nordens ist die hochstämmige, oft einzeln oder in kleinen Gruppen wachsende Makalanipalme, weiter in Richtung Caprivi spenden die weiten Kronen der dicht beblätterten Marula- und Mopanebäume Schatten. Selbst Passionsfrüchte wachsen hier teilweise wild. Im Süden dominieren die sukkulenten Köcherbäume und in der Kalahari die knorrigen Kameldornbäume.

# KAMPF GEGEN DIE UNGLEICHHEIT

Otjivero, 100 km östlich von Windhoek, war lange eine aus Blech und Zeltplanen zusammengezimmerte Armutssiedlung. Dann begann die *Basic Income Grant Coalition Namibia*, ein Bündnis aus Kirchen, Nichtregierungsorganisationen und Gewerkschaften, jedem Dorfbewohner monatlich ein bedingungsloses Grundeinkommen *(Basic Income Grant, BIG)* von 100 Namibia-Dollar (10 Euro) auszuzahlen – das erste Pilotprojekt seiner Art weltweit. Die Regierung stellte in Aussicht, die Zahlungen bei Erfolg fortzuführen. Das war 2008. Die Armut ist immer noch sichtbar, doch das Geld hat den Ort verändert. Die Zahl unterernährter Kinder ist nach Angaben der lokalen Klinik in den ersten sechs Monaten von 42 auf zehn Prozent gesunken. Geschäfte entstanden, Menschen nutzten das Geld, um anderswo auf Arbeitssuche zu gehen oder ihre Kinder zur Schule zu schicken. Statistisch gesehen ist Namibia nicht arm. Mit einem Bruttoinlandsprodukt von gut 4500 US-Dollar pro Kopf lässt das Land mehr als die Hälfte aller Nationen hinter sich. Doch die Zahlen blenden: Namibia ist das Land mit der größten Ungleichverteilung von Einkommen weltweit. Die Auswirkungen werden sich wohl auch in Otjivero bald wieder deutlicher zeigen. Das Pilotprojekt läuft aus und die neue Regierung will es trotz überwältigender Erfolge nicht verlängern.

# GÄSTEFARMEN

Mit Ferien auf dem Bauernhof haben sie zwar kaum etwas zu tun, dennoch gibt es einige Gästefarmen, deren Betreiber gern bereit sind, den landwirtschaftlichen Betrieb zu erklären. Gewirtschaftet wird größtenteils mit Schafen, Ziegen und Rindern, die wegen der spärlichen und langsam nachwachsenden Vegetation große Flächen beanspruchen. Wildtiere wie Springböcke, Kudus und Oryxantilopen leben ebenfalls auf den Farmen und werden in den meisten Fällen auch gejagt – für den Kochtopf, nicht für die Trophäenwand. Für heiße Diskussionen unter Farmern sorgen Leopard und Gepard: Vielerorts sind die Tiere als Viehdiebe gebrandmarkt und verhasst, gleichzeitig ziehen sie aber Touristen an. Weil zumindest der Gepard als weltweit bedroht gilt, darf er ohnehin nur noch in Ausnahmefällen erlegt werden.

# KARNEVAL

Es ist ihnen nicht unbedingt anzusehen, doch viele Südwester, wie sich die Nachfahren der deutschen Siedler vielfach noch heute nennen, sind ausgesprochene Frohnaturen. Im Winter wird in den größeren Städten deshalb auf gut rheinische Art Karneval gefeiert.

# LANDREFORM

Brisantestes politisches Thema in Namibia ist die Landfrage. Große Teile des nutzbaren Bodens sind in der Hand weißer Farmer oder ausländischer Großgrundbesitzer. Die meisten schwarzen Namibier in den ländlichen Gegenden sind dagegen mittel- und arbeitslos oder verdingen sich für Minimallöhne als Farmarbeiter. Der Ruf nach einer Rückgabe des Landes, das den Schwarzen einst genommen wurde oder das sie unter Zwang verkauften, wird deshalb immer lauter. Radikale Enteignungen wie in Simbabwe sind in Namibia durch die Verfassung ausgeschlossen, die Swapo-Regierung geht den sanften Weg der Umverteilung nach dem Prinzip „williger Käufer, williger Verkäufer". Der Staat reserviert sich per Gesetz ein Vorkaufsrecht und erwirbt Farmen oder Farmteile zu Marktpreisen. Dieses Land verteilt er an

Wilde Schönheit, geliebt und verhasst: Ein Gepard belauert eine Viehherde

die zuvor registrierten Bewerber aus den ehemals benachteiligten Bevölkerungsgruppen.

Doch an dem Programm gibt es viel Kritik: Während viele weiße Farmer durch die Aufforderungen zum Verkauf und die vereinzelten Enteignungen brach liegender Ländereien (gegen Erstattung des Marktpreises) ihren Status gefährdet sehen, geht vielen Schwarzen die Reform zu langsam voran. Hinzu kommt, dass der namibische Staat das Land in Parzellen unterteilt, damit möglichst viele Menschen profitieren. Diese kleinen Farmen sind jedoch häufig nicht wirtschaftlich. Außerdem bemängeln Kritiker Unregelmäßigkeiten bei der Vergabe und mangelhaftes Training der neu angesiedelten Bauern.

## PEACE PARKS

Die 1997 unter der Schirmherrschaft Nelson Mandelas gegründete Peace Parks Foundation setzt sich für grenzübergreifende Naturschutzgebiete im südlichen Afrika ein. 14 Friedensparks befanden sich bei Redaktionsschluss in Planung, vier waren bereits ausgerufen. Das jüngste und größte dieser Gebiete, die Kavango-Zambezi Transfrontier Conservation Area (KaZa TFCA), entsteht rund um die Capriviregion. Ausgerufen wurde der Park 2011, an etlichen Stellen müssen aber noch Zäune abgebaut und Reiserouten verbunden werden. Dass das geht, zeigen Namibia und Südafrika bereits mit dem /Ai-/Ais Richtersveld Transfrontier Park, der 2001 beiderseits des Grenzflusses Oranje proklamiert wurde. Auch mit Angola ist im Nordwesten eine Verlängerung des Skeleton Coast National Park angedacht.

## REGIERUNG

Seit 1990 ist Namibia eine Demokratie mit Mehrheitswahlrecht und unterteilt in 13 Regionen mit eigenen Regionalparlamenten. Im nationalen Parlament in Windhoek genießt die ehemalige Befreiungsbewegung Swapo (South West Africa People's Organization) seit der Unabhängigkeit eine unangefochtene Mehrheit. Erster Präsident des Landes war ihr Gründungsmitglied Sam Nujoma, aktuell amtiert Hifikepunye Pohamba, der gleichzeitig Swapo-Vorsitzender ist.

Swapo war ursprünglich eine sozialistische Bewegung, die ihre Alliierten zu Zeiten des Kalten Kriegs in den sozialistischen Ländern hatte. Die Partei ist – wie die deutsche SPD – weiterhin Mitglied der Sozialistischen Internationale, marxistische Tendenzen spielen jedoch längst keine Rolle mehr. Auch der nach außen kommunizierte Anspruch einer sozialdemokratischen Partei spiegelt sich in der Tagespolitik kaum wider.

## WIRTSCHAFT

Der wichtigste Zweig der namibischen Wirtschaft und gleichzeitig derjenige, der am meisten Energie und Wasser verbraucht, ist der Bergbau. Gefördert werden vor allem Diamanten und Uran, aber auch Kupfer und Gold. Selbst in klassischen Touristenregionen wie dem Swakopmunder Hinterland wird nach Uranerz gegraben, im Küstenort Wlotzkasbaken entstand zu dem Zweck sogar eine Meerwasserentsalzungsanlage – die erste in Afrika südlich der Sahara. Wesentlich arbeitsintensiver ist jedoch die Landwirtschaft, in der rund die Hälfte der Namibier Beschäftigung finden. Vielerorts wird allerdings nur für den eigenen Bedarf produziert. Den größten Anteil an der Agrarwirtschaft hat die Viehzucht, vor allem Rinder, Schafe und Ziegen werden gehalten. Eine immer bedeutendere Rolle spielt zudem der Tourismus.

# ESSEN & TRINKEN

**Es kommt in Namibia nicht selten vor, dass zwischen gebratener Meerbrasse und gegrilltem Springbockfilet unverhofft ein herzhaft gepökeltes Eisbein auf der Speisekarte auftaucht.**

Mit den Wiener Schnitzeln, die in weltweit verbreiteten Touristenschuppen serviert werden, hat das allerdings rein gar nichts zu tun: Namibias Küche ist deutsch geprägt, und man ist stolz auf diese Tradition. Der südafrikanische, burische Einfluss lässt sich ebenfalls nicht leugnen, entsprechend viele Fleisch- und Eintopfgerichte gibt es. Am einfachsten und besten werden sie über dem offenen Feuer zubereitet, etwa im *potjie*, einem dreibeinigen gusseisernen Topf. Die Steaks landen auf dem *braai*, einem Grill über Holzfeuerglut.

Altbackene Hausmannskost gibt es trotzdem kaum noch. Afrikanische Einflüsse wie scharfe Hühnergerichte und Perlhirse werden zwar nur zaghaft aufgegriffen, der Wandel zur Nouvelle Cuisine hingegen ist deutlich zu sehen und vor allem zu schmecken. Das Gemüse darf heute bissfest sein, statt Salzkartoffeln haben längst kleine Tagliatelletürmchen und Risottos den Teller übernommen.

Die Hauptzutaten allerdings bleiben namibisch, alles andere wäre bei der Fülle an Wild, Fisch und Meeresfrüchten auch purer Frevel. Springbock und Oryxantilope fehlen auf fast keiner Karte. Auch Straußenfleisch, vor 30 Jahren noch als Katzenfutter verpönt, ist wegen seines feinen Wildgeschmacks und des geringen Fett- und Cholesteringehalts heute

Bild: Restaurant NICE in Windhoek

**Zwischen Traditionspflege und kulinarischer Emanzipation – in Namibias Küche findet sich eine reiche Vielfalt luxuriöser Zutaten**

immer beliebter. Die Variationen in der Zubereitung reichen von Gulasch über Geschnetzeltes und Steaks bis zum klassischen Filet. Die Steaks von Zebra, Büffel oder Eland und die Rippchen von Warzenschweinen gehören noch immer zu den exotischeren Speisen, sind aber dennoch allesamt einen Versuch wert. Sogar Krokodil aus der Zucht kommt in Namibia auf den Teller. Das Ergebnis ist im wahrsten Sinn weder Fisch noch Fleisch, aber frisch und nicht zu trocken gebraten ein hervorragendes Geschmackserlebnis.

Wild spielt auch in den privaten Haushalten eine wichtige Rolle, noch größeren Wert legen die Namibier jedoch auf ihr hochqualitatives Rindfleisch und ihre sensationellen Lammkoteletts. Siegel zu artgerechter Haltung werden Sie im Südwesten Afrikas nicht finden. Sie sind auch gar nicht nötig. Es gibt wohl nicht viele Länder auf der Erde, in denen das Vieh so viel Auslauf hat, so viel natürliche Nahrung bekommt und so viel Freiheit genießt – und genau das schmecken Sie aus dem Fleisch heraus.

# SPEZIALITÄTEN

## GERICHTE

▶ **boerewors** – Eine südafrikanische Erfindung. Die Bauernwürste sind wesentlich stärker gewürzt und in der Konsistenz gröber als deutsche Bratwürste. Ins Originalrezept gehört ein Schuss Rotwein. Das Ganze kommt dann auf den *braai* (Foto li.)

▶ **gegrillte Ziegenrippen** – Fettarme Spezialität auf dem *braai*, die schwer zu bekommen ist, weil sie lokal stark nachgefragt wird

▶ **Kalaharitrüffel** – Ganz so aromatisch wie ihre Verwandten aus Südeuropa sind die namibischen Trüffel nicht. Ihr Geschmack erinnert leicht an Kartoffelstärke.

▶ **mahangu** – Die Perlhirse ist das Basisgetreide der Ovambo und wird als gekochter, fester Brei zu Eintöpfen oder gebacken als Brot gegessen. Dazu gibt es Fleisch-, Fisch- oder Gemüsesaucen. Als Erfrischung dient das an dünnen Joghurt erinnernde Mahangubier, das in der Regel unvergoren getrunken wird

▶ **Mopaneraupen** – Verschiedene Raupenarten, die auf Mopanebäumen leben und frittiert zur gewöhnungsbedürftigen Beilage oder Knabberei werden. Das eiweißhaltige Fleisch schmeckt gut, die stacheligen Härchen stehen jedoch einer Einstufung als Delikatesse ebenso im Weg wie die bräunlich-wurmige Optik (Foto re.)

▶ **omajova** – Der Riesenschirmpilz vom Termitenhügel wird gebraten, paniert oder in herrlichen Saucen verarbeitet

▶ **smoked catfish** – Die Südafrikaner werfen Meerbarben wegen ihrer giftigen Stachel und der unappetitlichen Gestalt zumeist angewidert zurück ins Wasser, die Namibier verarbeiten die Fische im Räucherofen zu einer Delikatesse

## GETRÄNKE

▶ **appletizer, grapetizer** – erfrischende Saftschorlen, angenehm fruchtig

▶ **cider** – ganz anders als der französische Cidre eine Art Apfelbier, in der trockenen Variante nicht zu süß und perfekt als Sundowner

▶ **rock shandy** – Nationalgetränk aus Sprudel, Sprite, Zitronensaft und einem Schuss Angostura. Extrem durstlöschend!

Gemüse dagegen wächst klimatisch bedingt nur spärlich in der Wüste. Das mag ein weiterer Grund für den hohen Fleischanteil in den Gerichten sein. Es führt aber auch dazu, dass Namibia reichlich Grünes aus Südafrika importieren muss – zu entsprechend gesalzenen Preisen landet das Gemüse dann in den Supermärkten. Einige einheimische Ausnahmen sind es wert, erwähnt zu werden. So versorgt ein riesiges unterirdisches Wasserreservoir nahe dem Örtchen Stampriet in der Kalahari ein kleines Gemüseanbauzentrum, im Swakoptal gedeiht in der Saison köstlicher Spargel, am Fluss Oranje wachsen Tafeltrauben, und sogar drei Weingüter gibt es inzwischen in Namibia – auch wenn ihre Tropfen es fast nirgendwo in die Keller der Hotels und Restaurants schaffen. Dafür ist die jährliche Produktion zu klein. Stattdessen gibt es südafrikanische Spitzenweine und nach dem Reinheitsgebot gebraute, einheimische Biere.

Ein ähnliches Schicksal wie der namibische Wein erleiden auch die beiden Pilzarten des Landes: Sowohl der nach Regengüssen an Termitenhügeln wachsende Riesenschirmpilz *omajova* als auch die Wüstentrüffel sind einzigartige Delikatessen, aber nur regional begrenzt und in der relativ kurzen Saison zu bekommen. Ergibt sich eine Gelegenheit, sollten hier allerdings nicht nur Pilzkenner zugreifen.

Wesentlich bekannter sind die kulinarischen Genüsse, die aus dem Wasser vor Namibias Küstenlinie kommen. Das Fleisch des Adlerfischs ähnelt mit etwas Phantasie dem des Kabeljaus, was seinen heimischen Namen *kabeljou* erklären dürfte. Noch eine Spur delikater sind Meerbrasse *(steenbras)* oder *galjoen*, der König der Fischspeisekarte. Auch geräucherte Seehechte *(snoek)* und Meerbarben *(catfish)* gehören zu den Spezialitäten der Küste. Übertroffen werden sie alle nur vom *crayfish*, der namibischen Langustenart, die in Deutschland so sehr geschätzt wird, dass sie bei der Bemessung der Mehrwertsteuer nicht als Lebensmittel, sondern als Luxusgut gewertet wird. In Namibia bekommen Sie die Krustentiere frisch aus dem Meer und wesentlich günstiger. Die ebenfalls schmackhaften Miesmuscheln und Krabben des Atlantiks führen demgegenüber förmlich ein Schattendasein. Verstärkt gefragt sind Austern, die zum Großteil vor Lüderitz gezüchtet werden.

Direkt aus dem Atlantik: frische Austern

Zu einem standesgemäßen namibischen Menü – und zumindest in den Lodges gibt es fast ausnahmslos drei Gänge – gehört immer auch eine Kalorienbombe zum Nachtisch. Südafrikanisch beeinflusst sind Kreationen aus viel Sahne, Schokolade und Eiscreme, manchmal mit etwas Alibiobst, häufiger mit einem guten Schuss Hochprozentigem und eigentlich immer verführerisch schmackhaft. Die herrlichen altdeutschen Kuchenspezialitäten, die es in Namibia gibt, tauchen bei den Desserts kaum auf, sondern landen eher auf dem Kaffeetisch.

# EINKAUFEN

## DIAMANTEN & SCHMUCK

Obwohl der Ertrag der Diamantenindustrie Namibias seit Jahren zurückgeht, gibt es Schmuckdiamanten noch immer in geschliffener Form im Land zu kaufen. Wesentlich häufiger bekommen Sie sie aber eingearbeitet in faszinierende Schmuckstücke. Seit der Unabhängigkeit hat sich ein Markt für Schmuck entwickelt, der als vollendete Kunstform traditionelle afrikanische Elemente und Materialien mit Diamanten und Edelmetallen verbindet. Moderne Designer bedienen diese Nachfrage mit einzigartigen Kreationen. Selbst scheinbar wertlose Grundstoffe wie Edelstahldraht, Glasperlen oder Schafshorn finden Eingang in die namibische Kunst- und Juwelierszene – und zunehmend auch in die Schmucktrends jenseits der Landesgrenzen. Angesagt sind neuerdings Halbedelsteinanfertigungen aus Topas und Turmalin. Das große Schnäppchen ergattern Sie dabei heute nicht mehr – aber immer noch Unikate von einzigartiger Schönheit.

## KUNSTHANDWERK

Es sind nicht einfach nur Holzschnitzereien, die in Namibia als Souvenirs verkauft werden. In den größeren Städten haben sich viele schön eingerichtete Geschäfte auf Handwerkskunst spezialisiert, häufig mit einem klaren Bezug zur Kultur der Produzenten. Himba und San transportieren über die Verkäufe ihrer Arbeiten so auch ein Stück kulturelle Bildung. Die Körbe und Töpferwaren aus Caprivi und von den Ovambo sind eher nützliche Gebrauchsgegenstände mit künstlerischem Anspruch als bloße Andenken. All diesen Waren ist gemein, dass sie in der Regel Einkommen in ansonsten strukturschwache Regionen bringen.

Es ist überraschend, wie viel Kreativität in die Produkte fließt. Das Kunsthandwerk entwickelt sich ständig weiter, und immer neue, wunderschön umgesetzte Ideen finden sich im Angebot. Mit dem entsprechenden Respekt sollten Sie dieser Kunst begegnen. Während in den offiziellen Geschäften Handeln nicht üblich ist, gehört es auf der Straße selbstverständlich dazu. Es stellt sich jedoch die Frage, ob das bei den zumeist überschaubaren Preisen nötig ist. Bedenken Sie, dass die Arbeiten häufig ganze Familien ernähren müssen. Entsprechend hoch ist der Verkaufsdruck, und der sollte nicht aus einer Position wirtschaftlicher Stärke heraus ausgenutzt werden.

## LEDER, FELLE & PELZE

Namibia ist ein Land der Wildtiere und der Viehzucht und entsprechend groß ist die Auswahl an Pelz- und Ledermaterialien für die gehobene Modeindustrie. Das Geschäft hat Tradition, der Boom in der Karakulindustrie, die noch immer einen wichtigen Teil des heimischen Modemarkts ausmacht, liegt bereits Jahrzehnte zurück. Doch längst sind es nicht mehr nur Lämmer, deren Felle zu Mänteln werden. Straußenleder ist gerade absolut en vogue bei edlen Handtaschen. Auch Kudu- und Springbockfelle werden stark nachgefragt, und an der Küste gibt es interessante Kreationen aus Robbenleder. Die *vellies*, die altgedienten Wüstenbotten aus Kuduleder, sind heute Kultschuhe. Die Produkte stammen selbstverständlich von Jagdfarmen und nicht aus den Nationalparks. Beim Einkauf sollten Sie aber die Richtlinien des Washingtoner Artenschutzabkommens im Auge haben (siehe S. 121).

## TEPPICHE

Wunderschöne Webereien aus Karakulschafwolle entstehen in den zumeist kleinen Teppichfabriken Namibias, von denen viele gleichzeitig Sozialprojekte zur Verbesserung der Lebensbedingungen verarmter Gemeinschaften sind. Aus bloßem Mitleid werden ihre Produkte allerdings nicht gekauft, im Gegenteil: Die meisten dieser Stücke sind viel zu schade für den Boden und schmücken später die Wände europäischer und amerikanischer Haushalte. Die Motive dürfen Sie mitbestimmen. Bei Auftragsarbeiten werden die Preise im Vorfeld abgesprochen und hängen von der Größe des Teppichs und der Schwierigkeit des Musters ab. Für Spontankäufer haben die Geschäfte aber auch immer einige Exemplare vorrätig, deren Motive meist das Alltagsleben in den traditionellen Gemeinschaften der Hersteller oder die Tierwelt Namibias aufgreifen. Die Preise sind in der Regel aus europäischer Sicht erschwinglich.

# DIE PERFEKTE ROUTE

## VON DER HAUPTSTADT NACH SÜDEN

**1** *Windhoek* → S. 79 ist mit seinem internationalen Flughafen Ausgangspunkt für fast jede Namibiareise. Von dort führt Sie die Tour durch die Weiten der Kalahari. Lassen Sie sich im **2** *Intu Afrika Kalahari Game Reserve* → S. 79 die Tricks zeigen, mit denen die San in der Wüste überleben, oder schlendern Sie zum Sonnenuntergang durch einen **3** *Köcherbaumwald* → S. 93 bei Keetmanshoop. Die Etappe endet am **4** *Fish River Canyon* → S. 89. Hier blicken Sie tief ins Erdinnere und steigen auf einer mehrtägigen Maultierwanderung sogar hinunter.

## LÜDERITZ UND SOSSUSVLEI

Ein Abstecher von der Hauptroute führt Sie zu den **5** *wilden Pferden von Garub* → S. 97 und dann ins wilhelminisch geprägte Fischerstädtchen **6** *Lüderitz* → S. 94, wo die Langusten ganz besonders frisch auf den Teller kommen. Über lange Schotterpisten geht es weiter zu den riesigen Sanddünen am **7** *Sossusvlei* → S. 53. Der benachbarte Dead Vlei bietet mit seinen abgestorbenen Bäumen eindrucksvolle Fotomotive, und im Sesriem Canyon nehmen Sie ein erfrischendes Bad.

## DURCH DIE NAMIB ZUM ATLANTIK

Durch den zerklüfteten **8** *Kuiseb Canyon* → S. 50 erreichen Sie die ebene Steinwüste der Namib und schließlich **9** *Walvis Bay* → S. 65. Bei einer Kajaktour zum Pelican Point gehen Sie auf Tuchfühlung mit den Robben, und eine Runde auf dem Sandboard sorgt für einen Adrenalinkick. Von **10** *Swakopmund* → S. 55 (Foto li.) aus unternehmen Sie eine geführte Tour auf der Suche nach den Lebewesen der riesigen Sanddünen.

## DAS KAOKOVELD

Namibias Nordwesten ist ein weites, ursprüngliches Gebiet, in dem Elefanten, Nashörner und Löwen frei leben. Besuchen Sie die Felsgravuren der San bei **11** *Twyfelfontein* → S. 61, und lassen Sie sich von der einzigartigen Szenerie der abgelegenen **12** *Epupa Falls* → S. 45 mit den Palmenwäldern am Kunene verzaubern.

## IM LAND DER HIMBA

Über Opuwo geht es durch das Gebiet der traditionell lebenden Himba (Foto re.), denen Sie einen Besuch abstatten sollten. An den **13** *Ruacana Falls* → S. 40 stürzt der Kunene ein zweites Mal in die Tiefe.

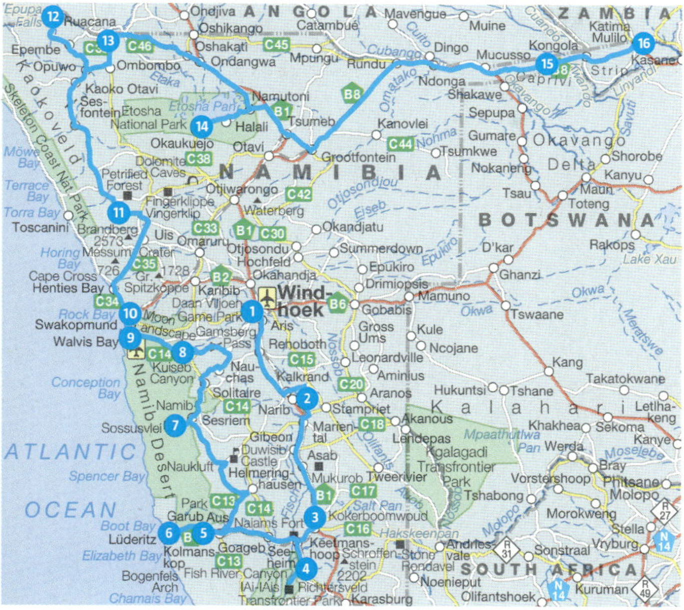

## DIE TIERWELT AN DER ETOSHAPFANNE

Das Highlight eines jeden Namibiaurlaubs ist der bekannteste und wohl auch tierreichste Nationalpark des Landes, der ⑭ *Etosha National Park* → S. 38. Riesige Zebraherden weiden am Rand der Salzpfanne, die nach der Regenzeit voll Wasser steht und Flamingos anlockt. Auch Löwen, Leoparden, Nashörner, Elefanten und unzählige andere Wildtiere können Sie auf einer Safari entdecken.

## DER HOHE NORDOSTEN

Abgelegen, doch längst eine Reise wert ist der Caprivizipfel, der lange Zeit wenig entwickelt war. Der ⑮ *Bwabwata National Park* → S. 34 ist der ursprünglichste Naturpark des Landes. Ihre Tour endet mit der authentischen Atmosphäre eines afrikanischen Handelsplatzes – auf dem Markt von ⑯ *Katima Mulilo* → S. 35.

4850 km. Reine Fahrzeit: 71 Stunden. Empfohlene Reisedauer: 3–4 Wochen. Detaillierter Routenverlauf auf dem hinteren Umschlag, im Reiseatlas sowie in der Faltkarte

# DER NORDEN

**Nirgendwo sonst kommt Namibia dem romantischen europäischen Klischeebild von Afrika so nahe wie im Norden des Landes.**

An den Straßen warnen Schilder vor Wildwechsel – darauf zu sehen sind Elefanten. An den Ufern von Okavango, Kwando und Sambesi schneiden Frauen wie eh und je das Schilf, um es gebündelt auf dem Kopf ins Dorf zu tragen. Dort wird es getrocknet und für die Dächer der traditionellen Rundhütten verwendet. In artenreicher Wildnis liegen riesige Naturparks, die mit endlosen, oft einsamen Pisten zu Safaris einladen.

Bekannteste und begehrteste Adresse für Rendezvous mit Löwe, Elefant & Co. ist die Etoshapfanne. Während der dortige Nationalpark auf keiner Namibiarund-reise fehlt, sind die Naturschutzgebiete im Caprivizipfel noch immer Geheimtipps. Der hohe Norden des Landes rund um Oshakati fristet dagegen bislang ein weitgehend touristenfreies Dasein. Dabei bietet die bevölkerungsreichste Region Namibias, die Heimat der Ovambo, versteckte Sehenswürdigkeiten abseits ausgetretener Pfade und ist längst problemlos im eigenen Wagen zu bereisen.

# CAPRIVI-ZIPFEL

**(132–133 A–F 1–2)** *(ⓜ L–Q2)* **450 km lang erstreckt sich der Zeigefinger Namibias als dünner Streifen zwischen**

Bild: Giraffen im Etosha National Park

## Großwild, Rundhütten und lebensbringende Ströme – im Norden Namibias wartet ein Bilderbuchafrika darauf, entdeckt zu werden

**Botsuana im Süden sowie Angola und Sambia im Norden, im Osten erst begrenzt durch den Sambesi.**

Wie pulsierende Lebensadern durchziehen große Flüsse die sandige Landschaft am Nordrand der Kalahari. An ihren Ufern schließen sich Sümpfe und Wälder an, grasen Antilopen, trinken riesige Elefantenherden, jagen Löwen und Krokodile. Eine ungezähmte Wunderwelt erschließt sich hier, nur dünn besiedelt von traditionellen Dörfern inmitten weiter Wildnis, die zu Abenteuern einlädt – allerdings nur im robusten Geländewagen oder per Boot.

Schifffahrt war auch der Hauptgrund, dass der Streifen im hohen Nordosten überhaupt Teil Namibias wurde. Die deutschen Kolonialherren erhofften sich, einen Wasserweg zu erschließen, der über den Sambesi nach Deutsch-Ostafrika, in das heutige Tansania führen würde. Reichskanzler Leo von Caprivi hatte seine Rechnung allerdings ohne die 108 m hohen Victoriafälle gemacht – ein Treppenwitz der kolonialen Aufteilung Afrikas.

# CAPRIVIZIPFEL

## SEHENSWERTES

### BWABWATA NATIONAL PARK ★
(132–133 B–D 1–2) (∅ M–O2)
Dieser dünne, 180 km lange und größtenteils bewaldete Streifen zwischen den Flüssen Okavango und Kwando verkörpert die Hoffnung der gesamten Region, die noch vor wenigen Jahren von Gefechten erschüttert wurde. Wo früher Militärbasen standen, streifen heute Löwenrudel und große Elefantenherden durch das Gehölz.

Der ursprünglichste Nationalpark Namibias ist Teil des riesigen Friedensparks *KaZa*, der sich von Botsuana über Simbabwe, Sambia und Namibia bis nach Angola erstreckt. Der Friedenspark soll das einzigartige Ökosystem rund um den Caprivizipfel länderübergreifend schützen und den Tourismus in dieser vielfach noch immer unberührten Wildnis ankurbeln. Die Tiere orientieren sich ohnehin nur an ihren natürlichen Migrationsrouten. Am besten lassen sie sich am Westufer des Kwandos beobachten: Elefanten bekommen Sie hier fast mit Sicherheit zu sehen, die Chance, Löwen zu sichten, ist hoch, und selbst Leoparden sind nicht selten.

Militärbasen gibt es keine mehr, stattdessen grasen im Bwabwata National Park friedlich Impalas

Den Erlaubnisschein für den Bwabwata National Park *(40 N$, 10 N$ fürs Auto)* gibt es von Sonnenaufgang bis -untergang am Zeltcamp ● INSIDER TIPP ▶ *Bum Hill* (133 D1) (∅ O2) *(6 Stellplätze, davon 3 mit Plattform | auf der Westseite der B8-Brücke über den Kwando, 2 km in nördl. Richtung den Schildern folgen | Tel. 081 3 05 50 95 | irdncc@iway.na)*. Hier zelten Sie mangels Zäunen besser auf den 4 m hohen Holzplattformen, während im Busch die Elefanten unter lautem Knacken Bäume umstoßen und auf den Wiesen am Fluss die Nilpferde grasen. Das Camp ist einfach eingerichtet, aber auch einfach atemberaubend. Achtung bei Safaris auf eigene Faust: Die tiefen Sandpisten sind nur mit Allradfahrzeugen zu bewältigen. Luxuriöse Alternative zum Camp ist die *Susuwe Island Lodge* (133 D1) *(ⵍ O2)* *(6 Chalets | südl. der B8, von der Brücke über den Kwando ausgeschildert | Tel. 061 23 27 40 | www.islandsinafrica.com | €€€)*, die geführte Safaris anbietet.

## KATIMA MULILO (133 E1) *(ⵍ P2)*
Der INSIDER TIPP *Markt* im Zentrum zielt kaum auf Touristen ab – und ist gerade deswegen so authentisch. An unzähligen Ständen werden Obst, Gemüse, Fleisch und Gewürze gehandelt. Es gibt Nüsse aus großen Bottichen, bunte Tücher und Stoffe, und in einer großen Halle liegen Fische – sowohl frisch als auch getrocknet. Das aktuelle Tagesgespräch gibt es gratis dazu. Im Handwerkszentrum am Rand des Markts *(Hage Geingob Street)* gibt es schöne Schnitzereien. Mehr Attraktionen hat die Provinzhauptstadt (23 000 Ew.) des Caprivizipfels Urlaubern nicht zu bieten. In den Supermärkten können Sie Vorräte für die Weiterreise beschaffen. Als Unterkunft empfehlenswert ist die familiengeführte *Caprivi Houseboat Safari Lodge (5 Chalets | 1 Hippo Road | 7 km südl. des Zentrums, von der B8 ausgeschildert | Tel. 066 68 60 49 | www.caprivihouseboatsafaris.com | €€)*. Sie liegt direkt am Sambesi.

## MAHANGO GAME RESERVE
### (132 B2) *(ⵍ M2)*
Das kleine Reservat liegt in den flachen Überschwemmungsflächen westlich des Okavangos. Hier bekommen Sie vor allem Rappenantilopen, Elefanten und mit Glück sogar ein paar Krokodile zu Gesicht. Der Eingang befindet sich 24 km südlich von Divundu an der Hauptroute zum Grenzübergang Muhembo zu Botsuana. Schöne Chalets direkt am – nach

der Regenzeit mitunter auf dem – Fluss bietet das witzig eingerichtete *Ngepi Camp (15 Chalets, 20 Zeltstellplätze | 14 km südl. von Divundu, ausgeschildert ab D3402 | Tel. 066 25 99 03 | www.ngepicamp.com | €–€€)*. Gäste des Camps können übrigens gefahrlos im Okavango baden – als Swimmingpool dient nämlich ein Drahtkorb, in dem Sie vor Krokodilen sicher sind. *Eintritt 40 N$, 10 N$ fürs Auto*

## MASHI CRAFT MARKET
### (133 D1) *(ⵍ O2)*
Was 1996 als lose Aneinanderreihung von Ständen neben der Tankstelle in

**MARCO POLO HIGHLIGHTS**

⭐ **Bwabwata National Park**
Löwen, Elefanten und andere Tiere machen den Park zum wildesten Abenteuer Namibias → S. 34

⭐ **Victoria Falls**
Hinter der Grenze zu Sambia und Simbabwe liegen die größten Wasserfälle der Welt → S. 37

⭐ **Etosha National Park**
Rund um die ausgedörrte Salzpfanne pulsiert die Savanne vor Leben → S. 38

⭐ **Ruacana Falls**
Wo der mächtige Kunene in die Tiefe stürzt, entstehen doppelte Regenbogen über tosender Gischt → S. 40

⭐ **Hobameteorit**
Der metallene Fels aus einer anderen Welt gibt Wissenschaftlern Rätsel auf und entzückt Ufo-Freunde → S. 43

Im Mudumu National Park zu beobachten: Der größere Teil des Nilpferds liegt unter Wasser

Kongola begann, ist heute das wichtigste Kunsthandwerksgeschäft im gesamten Caprivizipfel. 300 Handwerker aus fünf Gemeinden flechten Körbe und Schalen, weben Taschen und schnitzen Holzfiguren. Die Auswahl ist groß und hat dank moderner Designs auch künstlerischen Anspruch. *An der Kreuzung B8/C49*

### MUDUMU NATIONAL PARK
**(133 D1–2) (∅ O2)**
Der Nationalpark ist aufgrund seines Artenreichtums einen Abstecher wert, aber dem benachbarten Bwabwata National Park sehr ähnlich. Wenn Sie wenig Zeit haben, ist ein Besuch deshalb verzichtbar. Das Reservat liegt am malerischen Ostufer des Kwandos, der hier die Grenze zu Botsuana markiert. Bei einer geführten Bootsfahrt auf dem Fluss können Sie die aggressive Revierverteidigung der Flusspferde auf eindrucksvolle Weise erleben. Startpunkt der Tour ist das schön angelegte *Camp Kwando (17 Cha-*

*lets, 3 Zeltstellplätze | an der C49 südl. von Kongola | Tel. 066 68 60 21 | www. campkwando.com | €€€). Eintritt 40 N$, 10 N$ fürs Auto*

### POPA FALLS ☆ (132 B2) (∅ M2)
Rauschend, aber nicht berauschend sind die Popa Falls, bei denen es sich um Stromschnellen im Okavango handelt. Der Fluss fällt hier, 5 km südlich von Divundu, relativ abrupt im felsigen Flussbett um etwa 2,5 m ab. Elegante Unterkunft inklusive Sauna, Dampfbad und Massagen mit Flussblick bietet ● *Divava Okavango Lodge & Spa (20 Chalets | südl. von Divundu, ausgeschildert ab D3402 | Tel. 066 25 90 05 | www.leadinglodges. com | €€€).* Den schönsten Ausblick auf die Stromschnellen haben Sie jedoch von dem kleinen **INSIDER TIPP** *Communityzeltplatz N//goabaca (4 Stellplätze mit eigenem Bad und WC | Tel. 081 6 12 32 38),* der sich auf der gegenüberliegenden Seite befindet.

**INSIDER TIPP ▶ SALAMBALA FOREST**
(133 E–F1) (*∅ P2*)

Antilopen, Hyänen und Elefanten streifen durch den ruhigen Mopanewald 50 km südlich von Katima Mulilo. Eine nach der Regenzeit grün überwucherte Salzpfanne mit ganzjährig gefüllten Wasserlöchern zieht zahlreiche Tiere an. Mit den zuvorkommenden Guides der lokalen Community, die im Wald einen *Campingplatz (4 Stellplätze | Tel. 066 25 28 75)* betreibt, können Sie geführte Touren arrangieren. ● Für Gäste des Campingplatzes sind diese sogar kostenlos.

### ZIEL IN DER UMGEBUNG

**VICTORIA FALLS** ★ (0) (*∅ Q–R2*)

Die 108 m hohen Wasserfälle sind die größten der Welt. Aus dem östlichen Caprivizipfel erreichen Sie sie in einem (anstrengenden!) Tagesausflug. Eine schönere Aussicht haben Sie von der simbabwischen Seite *(durch Botsuana | Gebühren für Visa, Autoversicherungen und Eintritte rund 60 Euro zzgl. 50 Euro fürs Auto)*. Wenn der Sambesi im Mai und Juni nach der Regenzeit stark anschwillt, ist hier außer Gischt allerdings kaum etwas zu sehen. Dann lohnt es sich, nach Sambia auszuweichen, wo die Gebühren jedoch ähnlich hoch und die Straßen sehr holprig sind. Achten Sie auf die nötigen Überführungspapiere für Ihren Mietwagen (formelles Erlaubnisschreiben des Vermieters) und auf die korrekte Ausstellung von Haftpflichtversicherung und Straßenbenutzungsscheinen an den Grenzen! Weniger anstrengend, aber ebenfalls nicht ganz billig sind organisierte Tagestouren. Angeboten werden sie beispielsweise von *Baobab Transfers*

# AFRIKAS JÜNGSTER NATURPARK

Rund um den Caprivizipfel entsteht in Angola, Sambia, Simbabwe, Botsuana und Namibia das größte Naturschutzgebiet Afrikas, die Kavango-Zambezi Transfrontier Conservation Area (KaZa TFCA). Mit etwa 287 000 km$^2$ wird der Park fast so groß wie Italien. Teile des Gebiets können Sie schon besuchen. Für die Zukunft ist sogar ein gemeinsames Touristenvisum angestrebt. Bei Redaktionsschluss stand allerdings noch nicht fest, wann es umgesetzt wird.

300 000 Elefanten leben in der Region. Sie sollen sich nun besser verteilen können. Büffel und Antilopen überqueren die Grenzen schon lange, und ihnen folgen junge Löwen. Sie erschließen neue Reviere in Gebieten, in denen lange Zeit kaum ein wildes Tier zu finden war.

Ob der 2011 proklamierte Park, der jüngste der vier Peace Parks im südlichen Afrika, wirklich erfolgreich zur Renaturierung der Region führt, hängt von der Bevölkerung ab. In Kooperation mit dem World Wide Fund for Nature (WWF) setzen die beteiligten Regierungen daher auf ein Konzept, mit dem die Einheimischen direkt vom Parktourismus profitieren. So sollen Einkommen generiert werden, die den entfallenden Verdienst aus Fischerei, Jagd und Viehhaltung nicht nur kompensieren, sondern übersteigen – und die Menschen motivieren, ihre Umwelt zu schützen. In den Konzessionsgebieten Nordwestnamibias funktioniert dieses Modell bereits seit Jahren erfolgreich. Weitere Infos unter *www.kavangozambezi.org*.

*(Hage Geingob Street | Katima Mulilo | Tel. 081 124 33 44 | www.baobabtransfers. com | 3800 N$ für 2 Pers.).*

# ETOSHA NATIONAL PARK

**(129 D–F 3–4, 130 A–B 2–3)** *(∅ D–G3)* ⭐ 🔴 In einer meterhohen Staubwolke tobt eine Herde Gnus durch die trockene Etoshapfanne. Ein paar Springböcke stieben mit ihren typischen Hüpfern davon, nur knapp 500 m weiter liegt ein Rudel Löwen im hohen Gras, das gigantischen Zebraherden als Weide dient. In der anschließenden Dornstrauchsavanne ragen Dutzende Giraffenhälse in den Himmel – das ist Wildnis wie aus dem Bilderbuch.

Der Nationalpark *(Einlass von Sonnenaufgang bis -untergang | Eintritt 80 N$, 10 N$ fürs Auto)*, der bereits 1907 gegründet wurde, ist Namibias berühmtester und mit 22 912 km² einer der größten in Afrika. Wer kann, genießt die Ruhe in der Nebensaison. Von Juli bis November geht es in Etosha relativ geschäftig zu. Dann weichen Sie in den Nordosten nahe dem King-Nehale-Tor aus. Dort sind auch die Chancen am größten, Elefanten zu sichten. Unterwegs sind Sie am besten mit dem eigenen Mietwagen, Parkkarten können Sie an den Rezeptionen in den Camps kaufen.

## ÜBERNACHTEN

**ANDERSSON'S CAMP** (129 F4) *(∅ E4)*
Schöne Zeltchalets stehen rund um ein altes Bauernhaus, das als Restaurant dient. Die Anlage liegt eingebettet in ein 300 km² großes Naturschutzgebiet direkt an der südlichen Grenze des Nationalparks. *20 Chalets | Tel. 061 27 45 00 | www.wilderness-safaris.com | €€€*

### ETOSHA SAFARI CAMP
**(129 F4)** *(∅ F4)*
Das Camp mit liebevoll eingerichteten Doppelbungalows liegt 10 km südlich des Anderssontors. Die Dusche in den Bungalows stellt ein nachgebildeter Elefant dar, aus dessen Rüssel das Wasser strahlt. Einzigartig ist die Bar im Stil einer Township-*Shebeen* mit einem Billardtisch, Blechverkleidung und Mandelapostern. *50 Zi. | Tel. 061 23 00 66 | www.gondwana-collection.com | €€*

### OKAUKUEJO (129 F4) *(∅ F3)*
Das beleuchtete ==INSIDER TIPP Wasserloch== zieht abends fast garantiert Nashörner an, auch Elefanten sind keine seltenen Gäste, und tagsüber wimmelt es von Zebras. Die Unterkünfte sind guter Standard, die Ausdehnung des größten Camps im Park mindert das Gefühl abenteuerlicher Wildnis allerdings deutlich. Auf dem einfachen Zeltplatz ist Vorsicht vor bettelnden Schakalen und Erdhörnchen geboten: Sie können Tollwut haben! *47 Zi., 37 Chalets, 46 Zeltstellplätze | nördl. des Anderssontors an der C38 | Tel. 064 40 21 72 | www.nwr.com.na | €€–€€€*

### ONGUMA PLAINS (130 B3) *(∅ G3)*
Das Haupthaus der luxuriösen Lodge ist im Stil eines alten Forts gebaut – es hat sogar einen 12 m ☀ Turm, von dem aus Sie bis in den direkt angrenzenden Etosha National Park gucken können. Die Zimmer gleichen kleinen Festungen mitten im 350 km² großen *Onguma Reserve*. Das Reservat hat noch vier weitere Übernachtungsmöglichkeiten: das abgeschieden liegende *Treetop Camp (4 Stelzenbungalows | €€€)*, das *Safari Tented Camp (7 feste Luxuszelte |*

€€€), das etwas günstigere *Bush Camp* (9 Zi. | €€€) und einen Campingplatz (6 Stellplätze). *13 Suites | Eingang direkt vor dem Von-Lindequist-Tor an der C38 | Tel. 061 23 20 09 | www.onguma.com | €€€*

▶ **VREUGDE GUEST FARM**
(129 F4) (*M E4*)

Gastfreundschaft wird großgeschrieben auf der seit 1935 als Familienbetrieb ge-

Ondangwa und den umgebenden Ortschaften bildet Oshakati (40 000 Ew.) die am dichtesten besiedelte Region des Landes.

Die hier hauptsächlich lebenden Ovambo sind die größte und einflussreichste Bevölkerungsgruppe in Namibia. Die Swapo, einstige Befreiungsbewegung und heutige Regierungspartei, hat ihre Wurzeln im Ovamboland und ist noch

Mit ein bisschen Glück kommen Sie den Elefanten im Etosha National Park ganz nah

führten Rinder- und Schaffarm, auf der auch Antilopen permanente Gäste sind. Die herzliche Atmosphäre findet im soliden Komfort der Zimmer ihre Fortsetzung. *7 Zi. | 49 km südl. des Andersson-Tors an der D2710 | Tel. 067 68 71 32 | www.vreugdeguestfarm.com | €€*

# OSHAKATI

(129 F2) (*M E2*) **Zusammen mit dem 35 km südöstlich der Stadt gelegenen**

immer von Ovambo dominiert. Für Touristen hat die Stadt nicht viel zu bieten, dient aber mit mehreren Einkaufsmöglichkeiten als idealer Zwischenstopp auf der Nordroute vom Kaokoveld zum Etosha National Park.

## ESSEN & TRINKEN
## ÜBERNACHTEN

### OSHAKATI GUEST HOUSE

Das helle Hotel ist eine Oase der Ordnung im ansonsten für Besucher oft etwas durcheinander wirkenden Ovamboland. Sie bekommen einfachen, aber guten Standard geboten. Das Restaurant des Hauses *(tgl. | €€)* gilt als das beste der Stadt. *22 Zi. | Ecke Sam Nujoma Avenue/ Leo Shoopala Street | Tel. 065 22 46 59 | oshakatiguesthouse@iway.na | €*

## ZIELE IN DER UMGEBUNG

### NAKAMBALE-MUSEUM
(129 F2) *(ⲙ F2)*

Die zeitgemäße Ausstellung zur Kultur der Ovambo gibt auch der christlichen Missionierung viel Raum. Das Museum ist im ehemaligen Wohnhaus des evangelischen Missionars Martti Rautanen untergebracht. Den Finnen riefen die Einheimischen „Nakambale", weil sein großer Krempenhut dem gleichnamigen, geflochtenen Korb der Ovambo ähnlich sah. Direkt nebenan befindet sich die älteste christliche Kirche Nordnamibias – sie wurde 1889 erbaut. Für interessierte Besucher können Touren in ein traditionelles Ovambodorf organisiert werden. Das Museum befindet sich 38 km südöstlich von Oshakati. *Mo–Fr 8–13, 14–17, Sa 8–13, So 11–17 Uhr | an der D3629 | Eintritt 10 N$*

### ONANKALI MAHANGU PAPER MAKING COOPERATIVE ⊙ (130 A2) *(ⲙ F2)*

In dem Communityprojekt werden wunderschöne Geschenkkarten und Fotoalben aus einem Mix aus Mahangublättern und aufbereitetem Altpapier hergestellt. Gestaltet sind sie mit handgearbeiteten Schablonendrucken. Die Kooperative liegt 90 km südöstlich von Oshakati. *Mo–Fr 9–16, Sa 9–13 Uhr | an der B1*

### RUACANA FALLS ★ ☼
(129 D1) *(ⲙ D1)*

Nach einer guten Regenzeit stürzt der randvolle Kunene hier unter lautem Donnern in die Tiefe. Das Sprühwasser des mächtigen Naturspektakels sorgt für einen doppelten Regenbogen. Achtung: Die Ruacana Falls, 175 km westlich von Oshakati, liegen direkt an der Grenze zu Angola, die Aussichtspunkte im Niemandsland. Die namibischen Behörden machen zwar keine Probleme, korrupte angolanische Grenzbeamte beim Übertreten der kaum markierten Grenze mitunter aber schon. Auch Geländer fehlen gänzlich. Übernachtungsmöglichkeiten bietet die *Ruacana Eha Lodge (21 Zi., 6 Rundhütten | Springbok Avenue | Tel. 065 27 15 00 | www.ruacanaehalodge. com.na | €€)*, die sich in der Ortschaft Ruacana befindet.

## LOW BUDGET

▶ Der kleine Communityzeltplatz *Hippo Pools (10 Stellplätze | an der D3700 | Tel. 081 2 96 23 49)* unterhalb der Ruacana Falls bietet günstige *Touren in ein nahes Himbadorf (25 N$)* an. Sie fahren im eigenen Wagen und nehmen den Guide ebenso mit wie ein kleines Gastgeschenk für die Himba.

▶ Der Biergarten des *Etosha Café (So und abends geschl. | President Street | Tel. 067 22 12 07)* in Tsumeb ähnelt einem Dschungel, und die lärmende Eismaschine unterstreicht den altmodischen Charme. In dieser liebenswürdigen Atmosphäre scheinen die Preise genauso wie die Zeit stehengeblieben zu sein. Es gibt belegte Brötchen und Schnitzel wie bei Großmuttern – und zwar lecker und reichlich.

Dass in Tsumeb einst Bergbau betrieben wurde, ist noch immer in der Stadt zu sehen

# TSUMEB

**(130 B3) (🗺 G3) Die locker bewalde-
ten Kalkberge vor der Stadt sind eine
willkommene Abwechslung zur ewigen
Weite der Kalahari.**
Den Kalkschichten verdankt Tsumeb
(11 000 Ew.) seinen Wasserreichtum und
in der Folge auch den Beinamen „Garten-
stadt". Mit Grootfontein und Otavi bildet
der herrlich grüne Ort das Minendreieck
Namibias. Abgebaut wurden vor allem
Kupfer, Blei und Zink, doch die Minen
liegen heute still. Tsumeb avancierte
zum beliebten Touristenziel — wegen seiner Nähe zum Etosha National Park und
den schönen Kalkseen in der Umgebung.

## SEHENSWERTES

### INSIDER TIPP ▶ ARTS AND CRAFTS CENTRE
In dem bunten Zentrum verkaufen kleine
Läden Perlenschmuck und Kunsthand-
werk. Eine Näherei produziert hübsche
Kissenbezüge, und im Hof werden lecke-
re Brote in einfachen, aber clever kon-
struierten Solaröfen gebacken. *Mo–Fr
8.30–17, Sa 8.30–13 Uhr | 18 President
Street*

### TSUMEB MUSEUM
Verschiedene Exponate erzählen die Geschichte des Orts: Große Halbedelsteine
liegen in Schaukästen, und allerlei Ka-
nonen und Gewehre der Schutztruppe
sind neben den Bögen und Speeren der
Einheimischen zu sehen. *Mo–Fr 9–12,
14–17, Sa 9–12 Uhr | President Street |
Eintritt 25 N$*

## ESSEN & TRINKEN

### CAFÉ GREENHILL
Das moderne Café befindet sich im ehe-
maligen Bürogebäude der stillgelegten
Kupfermine von Tsumeb. *So und abends
geschl. | Hage Geingob Drive | Tel. 081
3 35 58 17 | €*

## ÜBERNACHTEN

### MAKALANI HOTEL
Das Standardhotel hat einen schönen Garten, ein Restaurant, WLAN und Klimaanlage, aber keine Ausstrahlung. *28 Zi. | 24 Ndilimani Cultural Troop Street | Tel. 067 22 10 51 | www.makalanihotel.com | €*

### TREESLEEPER CAMP
Der Campingplatz wird von der Sangemeinschaft von Tsintsabis betrieben und liegt mitten im Busch an einem Trockenfluss. Auf Holzplattformen in luftiger Höhe dürfen bis zu sechs Menschen ihr Zelt aufbauen. Bei einem Rundgang im Busch erklären die San die Pflanzenwelt, auf der Dorftour lernen Sie die Bräuche und Sitten der Hai//om und !Khung kennen. Bei Redaktionsschluss war man dabei, das Gelände unter Verwendung von 75 Prozent Eigenmitteln zur Lodge auszubauen. *8 Stellplätze | 60 km nördl. von Tsumeb an der B15 | Tel. 067 22 17 52 | www.treesleeper.org*

### !URIS SAFARI LODGE
Die schöne Lodge liegt inmitten historischer Minen, die Sie auf geführten Touren auch besuchen können. Es gibt einen Campingplatz, ein eigenes Spa und eine kleine Hochzeitskapelle. Das Ausrufezeichen im Namen ist übrigens ein geschnalzter Klicklaut, *!Uris* der San-Name eines metallhaltigen Bergs. *14 Zi., 2 Zeltstellplätze | 13 km nordwestl. von Tsumeb, von der B1 ausgeschildert | Tel. 061 25 39 92 | www.uris-safari-lodge-namibia.com | €€*

## AUSKUNFT

### TRAVEL NORTH NAMIBIA
*Sam Nujoma Drive | Tel. 067 22 07 28 | www.natron.net/tnn*

# DIE NAMIBISCHEN DDR-KINDER

Deutsch hört man in Namibia nicht nur bei den Nachkommen der Siedler und den Zugewanderten, auch etliche Ovambo sprechen die Sprache fließend. Das kann heute natürlich viele Gründe haben. Oft liegt die Ursache jedoch in einem bemerkenswerten Kapitel deutsch-namibischer Völkerfreundschaft, das seinen Anfang mit einem der traurigsten Ereignisse in der jüngeren Geschichte des Landes nahm. Südafrikanische Truppen bombardierten am 4. Mai 1978 das Flüchtlingslager Cassinga im südlichen Angola, setzten mit Fallschirmspringern nach und töteten mindestens 600 Menschen, weil das Lager von der Befreiungsbewegung Swapo genutzt worden war. Deren Präsident Sam Nujoma, später erstes Staatsoberhaupt Namibias, bat daraufhin die DDR, namibische Kinder aufzunehmen.

Etwa ein Jahr später kamen zunächst 80 Kinder und 15 Frauen, größtenteils Angehörige der namibischen Befreiungsbewegung Swapo, in ein Kinderheim bei Schwerin. Bis 1989 folgten Hunderte weitere Kinder, die allesamt in der DDR Kindergarten und Schule besuchten – und Deutsch lernten. Im August 1990 kehrten sie in ihre inzwischen befreite Heimat zurück. Für viele war das ein Land, das sie nie zuvor gesehen hatten. Doch sie waren am Leben.

## ZIELE IN DER UMGEBUNG

### HOBAMETEORIT ⭐ (130 C4) (📖 H4)

20 km westlich des Städtchens Grootfontein fiel vor rund 80 000 Jahren eines der größten Rätsel des Landes vom Himmel. Der 1920 entdeckte Meteorit ist nicht nur

dem das Baden jedoch leider verboten ist. *An der D3031*

### LAKE OTJIKOTO (130 B3) (📖 G3)

„Tiefes Loch" haben die Herero die eingestürzte Karsthöhle genannt, die 30 km westlich von Tsumeb liegt. Wie tief ge-

Harter Brocken für die Wissenschaft – niemand weiß, wie der Hobameteorit an seinen Platz kam

der weltgrößte, er hat auch die Form eines nahezu perfekten Quaders und liegt trotz seines Gewichts von 50 t nur 1,5 m tief im flachen Buschland. Wie der Klotz an seinen jetzigen Platz gekommen ist, bleibt ein Mysterium. *Tgl. 7–19 Uhr | Eintritt 20 N$*

### INSIDER TIPP ▶ LAKE GUINAS
(130 B3) (📖 G3)

Ruhig und abgeschieden, aber frei zugänglich liegt die türkisblaue Perle auf einer Farm etwa 50 km westlich von Tsumeb. Eine steile Treppe führt hinunter bis ans Ufer, wo eine kleine Buntbarsch-Art, die ausschließlich hier vorkommt, im glasklaren Wasser Algen von den Kalkkanten frisst. Ein bildschöner Ort, an

nau der so entstandene, türkisblaue See ist, konnte bisher aber niemand herausfinden. Den tiefsten Punkt hat noch nie ein Taucher erreicht, und so haben die Legenden von hineingeworfenen Diamantensäckchen und Schatztruhen bis heute überlebt. Auf jeden Fall lagern noch immer Gewehre und Geschütze deutscher Truppen in dem See. Teile der auf der Flucht vor den südafrikanischen Truppen versenkten Militärausrüstung wurden jedoch von einem Felsvorsprung geborgen und sind heute im Museum von Tsumeb zu besichtigen. Ein Zwischenstopp lohnt sich wegen der historischen Bedeutung und wegen der Idylle, die Sie hier vorfinden. *Tgl. 7.30–17 Uhr | an der B1 | Eintritt 25 N$*

# DIE NAMIB

„Namib" – „Ort, wo nichts ist" haben die hier heimischen Nama die Wüste genannt, die sich entlang der gesamten namibischen Atlantikküste erstreckt. Welch kolossale Untertreibung!

In den Hunderte Meter hohen Dünen im Süden verstecken sich durchsichtige Geckos, während Räderspinnen flüchtend die Abhänge hinunterrollen. Auf kargen Geröllfeldern wachsen Flechten, die sich mit dem ersten Tautropfen farbenfroh entfalten. Geprägt wird diese Landschaft durch den kalten Benguelastrom. Er spült eisiges Wasser aus der Antarktis vor die stürmische Skelettküste, sorgt im Meer für einen reichen Fischbestand, an Land für beständigen Morgennebel und weiter im Inland für grimmige Trockenheit. Im Hinterland, wo sein Einfluss langsam nachlässt, schließen sich in Regenjahren endlose Flächen goldenen Graslands an, die im Norden in sanfte Hügel übergehen.

Während im Süden ausgedehnte Viehfarmen dominieren, unterbrechen in der nördlichen Namib nur vereinzelte Rundhüttendörfer die Wildnis. Es gibt keine Zäune, die die Wüstenelefanten von ihren Wanderungen abhalten würden, alle Tiere streifen hier in ursprünglicher Freiheit umher. Im abgelegensten Winkel Namibias zwischen Skelettküste, Etosha National Park und angolanischer Grenze lebt auch ein Volk, das sich der Moderne noch immer sichtbar widersetzt: Die Himba wohnen ohne Strom und fließend Wasser in traditionellen Rundhüttendörfern und betreiben Viehzucht und Acker-

Bild: Dünen am Sossusvlei

Hohe Wanderdünen, tiefe Canyons und endloses Hügelland – die älteste Wüste der Welt ist zwar unwirtlich, aber nie langweilig

bau. Sie tragen Lendenschurze, die sie selbst aus Leder fertigen, neuerdings aber auch bevorzugt Trikots europäischer Fußballvereine – als Zeichen des langsamen gesellschaftlichen Wandels.

Einfach zu erreichen sind all diese Ziele nicht, vor allem wenn nach der Regenzeit die Riviere, fast ganzjährig trockenliegende Bäche, angeschwollen ins Tal stürzen und tiefe Sandgräben in die Schotterstraßen reißen. Doch der Weg lohnt sich, denn wer die stolze Dame Namib mit all ihrer Schönheit wirklich erleben will, der

muss es mit den Pisten aufnehmen – und wird es nach guter Vorbereitung und bei einem Grillfeuer unterm Sternenhimmel nicht bereuen.

# EPUPA FALLS

(128 B–C1) (*C1*) ⭐ 🌿 **Auf insgesamt 700 m Breite stürzt der Kunene inmitten ansonsten karger Strauchlandschaft rauschend und schäumend 35 m in die Tiefe.**

Lebensbringendes Spektakel: Am Rand der Epupa Falls kann sich die Vegetation halten

Nördlich des Flusses liegt Angola, südlich das namibische Kaokoveld. Am Abgrund der Fälle klammern sich Affenbrotbäume an die Felsen, die kleinen Inseln und Ufer des Stroms sind gesäumt von Makalanipalmen, aus deren Samen die Einheimischen Souvenirs schnitzen. Im Mai, nach der Regenzeit, ist das Schauspiel der Wasserfälle am eindrucksvollsten, der Anblick zum Sonnenuntergang majestätisch.

## ÜBERNACHTEN

### EPUPA CAMP

Die Lodge bietet luxuriös eingerichtete Safarizelte direkt am Fluss, etwas oberhalb der noch deutlich hörbaren Wasserfälle. Durch die leichte Bauweise bleibt trotz aller Annehmlichkeiten das Gefühl, in der Wildnis zu übernachten, nicht auf der Strecke. *8 Zi. | Tel. 065 68 50 53 | www.epupa.com.na | €€€*

## ZIEL IN DER UMGEBUNG

### KUNENE RIVER LODGE (128 C1) (*C1*)

Allein die Strecke von Epupa zur 100 km östlich gelegenen Lodge entlang des Kunenes ist für einige Offroadfans schon Grund genug, ins Kaokoveld zu reisen. Während und nach der Regenzeit sollten Sie die direkte Piste aber meiden. Sie wären nicht die ersten, die hier in Sand und Schlamm stecken bleiben! Hauptattraktion der Lodge sind ihre Raftingtouren durch die Stromschnellen unterhalb der Onduruzofälle auf dem Kunene. *12 Zi. | an der D3700 | Tel. 065 27 43 00 | www. kuneneriverlodge.com | €€*

# HENTIES BAY

**(134 B2) (*D7*) In dem kleinen Ort an der Küste (5000 Ew.) dreht sich fast alles ums Angeln. Adlerfisch und Meer-**

brasse kommen in Henties Bay aus der Brandung des Atlantiks nahezu direkt auf den Teller.

In den Sommerferien im Dezember und Januar ist der Ort wegen seiner guten Fischgründe hoffnungslos überfüllt. Ansonsten führt er ein absolut ruhiges Dasein und bietet sich als Ausgangspunkt für Touren in die nördliche Namib und in den Skeleton Coast National Park an.

## ESSEN & TRINKEN

### INSIDER TIPP ▸ THE FISHY CORNER

Sie müssen etwas Geduld mitbringen – was aber nur daran liegt, dass das kleine Restaurant oft bis auf den letzten Platz mit Einheimischen besetzt ist. Auf den Tisch kommt, was Anton Joubert über den Tag fängt, meistens Adlerfisch *(kabeljou)* und Meerbrasse *(steenbras)*. *Tgl. | Benguela Street | Tel. 064 50 10 59 | €*

## ÜBERNACHTEN

### BYSEEWAH GUEST HOUSE

„Byseewah" ist die englische Aussprache des Hereroausdrucks „Mbaiswa" – das heißt so viel wie „Ich bin frei" und passt auf das wohlige Gästehaus mit seinem schönen Kaminzimmer wie die Faust aufs Auge. Der Meerblick und die maritim eingerichteten Zimmer vermitteln ein Gefühl von Weite. Kinder können sich auf dem Klettergerüst im hübsch angelegten Garten austoben. *9 Zi. | Auas Street | Tel. 064 50 11 11 | www.fishermanslodge.com. na | €*

### INSIDER TIPP ▸ HAUS ESTNIC

Das kleine Bed and Breakfast mit nur zwei Gästezimmern, aber großem Frühstücksbuffet ist ein Paradebeispiel aufrichtiger afrikaanser Gastfreundlichkeit. Lassen Sie sich von Gastgeber Kobus

---

⭐ **Epupa Falls**
Wunderschöne Natur und ein donnernder Wasserfall im Land der Himba → S. 45

⭐ **Cape Cross**
Hunderttausende Robben geben ein lustiges Meckerkonzert → S. 48

⭐ **Kuiseb Canyon**
Die unbarmherzige Traumlandschaft bot einst Menschen Schutz → S. 50

⭐ **Skeleton Coast National Park**
Eine gefährliche Küste zeigt sich in ungezähmter Schönheit → S. 52

⭐ **Sossusvlei**
Zwischen mächtigen Dünen bringt ein unterirdisch verlaufender Fluss Leben → S. 53

⭐ **Namib Rand Nature Reserve**
In endlos scheinendem Grasland wird Naturschutz in einem einzigartigen privaten Modellprojekt betrieben → S. 54

⭐ **Spitzkoppe**
An dem Bergmassiv sind Felsmalereien und bizarre Gesteinsformationen zu sehen → S. 60

⭐ **Brandberg**
Am höchsten Berg Namibias wird das Bild eines afrikanischen Mannes zur „Weißen Lady" → S. 64

⭐ **Düne Sieben**
Riesige Sandberge fallen zum endlosen Meer hin ab, eiskalter Ozean trifft auf sengend heiße Wüste – eine kontrastreiche Kulisse → S. 66

**MARCO POLO HIGHLIGHTS**

Beukes an die besten Angelstellen führen und essen Sie abends Ihren eigenen Kabeljau! *2 Zi. | Omatako Street | Tel. 064 50 19 02 | www.hentiesbaytourism.com/accomestnic.htm | €*

## AUSKUNFT

**SME CENTRE**
*Nickey Iyambo Avenue | Tel. 064 50 11 43 | www.hentiesbaytourism.com*

## ZIELE IN DER UMGEBUNG

**CAPE CROSS** ★ (134 A2) *(🗺 C6)*
Rund 250 000 Robben bevölkern heute den Punkt, an dem der Portugiese Diogo Cão 1486 als erster Europäer die namibische Küste betrat. Das Steinkreuz, das er für seinen König errichtete, gab dem winzigen Kap (60 km nördlich von Henties Bay) den Namen, auch wenn Gesandte des deutschen Kaisers es später entwendeten und durch eine Replik ersetzten. Die wenig appetitlich riechenden Robben, die ohne Unterlass laute Rülps- und Meckerlaute von sich geben, sind trotz allem die Hauptattraktion des kleinen Robbenreservats. Sie dürfen sie täglich besuchen *(8–17 Uhr | Eintritt 40 N$, 10 N$ fürs Auto)* – mit Ausnahme der Schlachtzeit im Juli. Dann werden bis zu 50 000 Tiere zur Bestandsregulierung getötet und zu Fleisch, Leder, Tabletten und Cremes verarbeitet.

Nächste, aber lärm- und geruchssichere Unterkunft ist die 🌿 *Cape Cross Lodge (20 Zi. | Tel. 064 69 40 37 | www.capecross.org | €€€)* mit relativ schlichten Zimmern und grandiosem Meerblick.

**DOROB NATIONAL PARK**
(134 A–B 1–4) *(🗺 C–D 6–8)*
Der Nationalpark, der Henties Bay umgibt, ist der jüngste in Namibia und schließt entlang der Küste die Lücke zwischen Namib-Naukluft National Park und Skeleton Coast National Park. In seinem nördlichen Teil wachsen wunderschöne Wüstenblumen wie das Südwester-Edelweiß, riesige Welwitschias und sensible Flechten, die als Symbiosen aus Pilzen und Algen vom Morgennebel leben. Spinnen gibt es hier, die ihren Höhleneingang mit Kieseln verzieren, und selbst eine jahrtausendealte, längst verlassene Damarasiedlung mit Höhlenmalereien versteckt sich in den Weiten des Areals.

Sie können den Park entlang vorgegebener Offroadrouten auf eigene Faust erkunden – die Gefahr, sich in der unübersichtlichen Schotter- und Gebirgswüste zu verfahren, ist jedoch groß! Auf geführten Jeeptouren, sehr individuell und witzig geleitet von Rolly Thompson von **INSIDER TIPP** ▶ *Ghost Coast Tours (Tel. 064 50 05 85 | ronic@mweb.com.na |*

Geselliges Treiben am Cape Cross: Für die Tiere im Robbenreservat ist jeden Tag Beachparty

*1000 N$)*, werden die versteckten Wunder der Wüste zudem viel besser sichtbar.

**WRACK DER ZEILA** ● (134 B2) *(⍗ D7)*
Seit 2008 liegt die Zeila 14 km südlich von Henties Bay neben der Straße nach Swakopmund auf dem Strand. Eigentlich sollte der alte Fischtrawler in Indien abgewrackt werden, doch starker Seegang und ein schwaches Schleppseil sorgten für ein anderes Schicksal.

# NAMIB-NAUKLUFT NATIONAL PARK

(134 B–C 3–6, 137 D–E 1–3)
*(⍗ D–F 7–12)* **Das mit 49 768 km² größte Schutzgebiet Namibias erstreckt sich in einem rund 100 km breiten Gürtel von Lüderitz bis Swakopmund entlang der Atlantikküste.**

Hier sind Sie über Hunderte Kilometer allein mit der Wüste, den scheuen Zebras, scheinbar ziellos ins Nichts rennenden Straußen, tiefen Canyons und faszinierenden Lichtspielen zum Sonnenuntergang. Große Teile des 1979 ausgerufenen Parks bleiben Besuchern wegen ihrer Unzugänglichkeit und des sensiblen Ökosystems noch immer verborgen. Im nördlichen Teil gibt es jedoch einige Schotterstichstraßen und kleine Wanderrouten, zu erreichen über die C14 und die C28. Eingangstore gibt es nicht, mit Ausnahme der Hauptdurchgangsstraßen ist aber für alle Wege im Park ein Erlaubnisschein erforderlich, erhältlich in den Büros des Ministeriums für Umwelt und Tourismus (MET) in Swakopmund oder Windhoek; hier gibt es auch Karten für Rundfahrten und Wanderrouten. *40 N$, 10 N$ fürs Auto*

## SEHENSWERTES

### KUISEB CANYON ⭐ ●
**(134 C4)** *(🛪 E8)*

Der schönste Weg in den Park führt von Osten über die ⚘ Passstraße C14 durch den zerklüfteten Kuiseb Canyon. Der Blick zurück in den Abgrund ist furchteinflößend und überwältigend zugleich. So abgelegen ist diese Gegend, dass sich die deutschen Geologen Henno Martin und Hermann Korn hier zwei Jahre lang erfolgreich vor den Wirren des Zweiten Weltkriegs verstecken konnten. Die Überreste eines ihrer Lager *(von der C14 hinter dem Kuisebpass dem Schild zum Kuiseb Canyon folgen, nach 5 km an der Gabelung links)* sind unter einem Felsüberhang am oberen Rand der Schlucht zu sehen.

### NAUKLUFTBERGE **(135 D5)** *(🛪 F9)*

Der Gebirgszug wurde als Naukluft Mountain Zebra Park schon 1968 unter Naturschutz gestellt. Sehenswert ist er wegen seiner einzigartigen Gesteinsformationen und der atemberaubenden Landschaft, die Sie am besten mit guten Wanderschuhen und einem großen Wasservorrat erkunden. Selbst kleine Felsenpools finden sich hier, vergessen Sie also die Badesachen nicht. Los gehts vom einfachen *Naukluft Camp (10 Zeltstellplätze | Tel. 064 40 21 72 | www.nwr. com.na)* der Namibia Wildlife Resorts (NWR). *Eintritt (zusätzlich zum Parkeintritt) 80 N$, 40 N$ fürs Auto | nahe der D854 10 km südwestl. von Büllsport*

## ZIEL IN DER UMGEBUNG

### ROSTOCK RITZ **(135 D4)** *(🛪 F8)*

Die wahrscheinlich außergewöhnlichste Lodge des Landes ist viel mehr als nur eine Übernachtungsstation – wenn auch die einzige in der Gegend. Schon die Anreise ist ein Erlebnis – egal, ob über den Kuisebpass, von Windhoek aus über den Gamsbergpass oder vom Sossusvlei durch die Naukluftberge. Der

Ein solch reizvolles Panorama erwartet Wanderer, die sich zu den Naukluftbergen aufmachen

Name Rostock leitet sich übrigens nicht von der norddeutschen Hafenstadt ab, sondern entstand höchstwahrscheinlich durch einen verlorenen Buchstaben aus dem altdeutschen Wort Rotstock für die von Rotgneisen geprägten Berge. Der Ort, der etwa 50 km südöstlich des Kuisebpasses an der C14 liegt, ist einer der landschaftlich schönsten Flecken Namibias und ein Paradies für Wanderer und Geologen. Sie können mehrere Routen erkunden, die sich in Länge und Schwierigkeitsgrad unterscheiden. Zu allen Strecken bekommen Sie in der Lodge **INSIDER TIPP** ▶ **Karten**, die von Forschern des Instituts für Physische Geografie und Landschaftsökologie der Uni Hannover erstellt wurden und die auch die Gesteinsformationen und Vegetation entlang der Wanderung erklären.

Die Lodge selbst besteht aus steinernen Iglus, die den Charme der Bergwüste mit elegantem Luxus verbinden. Aufgrund ihrer Bauweise halten sie auch den immer mal wieder vorkommenden Wirbelstürmen problemlos Stand. Als preisgünstige Variante gibt es einen schönen Campingplatz *(4 Stellplätze)*. Das Restaurant steht auch Tagesgästen offen. *20 Zi. | Tel. 061 25 74 67 | www.rostock-ritz-desert-lodge.com | €€€*

# SESFONTEIN

**(128 C4) (∅ C3) Hauptattraktion des mit 7000 Ew. größten Orts der Region ist das alte deutsche Fort.**
Erst 1906 fertiggestellt, wurde es bereits mit Beginn des Ersten Weltkriegs wieder aufgegeben. Danach war lange der Zahn der Zeit Hauptmieter. Erst 1995 eröffnete die Festung schön restauriert als Lodge. In der Nähe liegen die sechs Quellen, die dem Ort seinen Namen gaben, sehenswert sind sie allerdings nicht.

## ÜBERNACHTEN

### FORT SESFONTEIN
Der Stil des alten Forts wird hier erhalten – der Fußboden besteht aus Naturstein, und selbst die Betten sind gemauert. Mit den Palmen im Hof wirkt der Ort wie eine Oase und strahlt historischen Charme aus. Eingerichtet sind die mit Lehm verkleideten Zimmer allerdings wesentlich komfortabler als zu Kaisers Zeiten. *22 Zi. | Tel. 065 68 50 34 | www.fort-sesfontein.com | €€€*

### KHOWARIB LODGE
Die festen Safarichalets wurden an den Rand der Khowaribschlucht gebaut – und im Weg stehende Bäume einfach in die Terrassen integriert. Das Ambiente ist urig und luxuriös zugleich, selbst der Campingplatz wartet mit Open-Air-Dusche und individuellen Stromanschlüssen auf. So geht Lodge! *14 Zi., 8 Zeltstellplätze | 33 km südöstl. an der D3710 (ausgeschildert ab C43) | Tel. 064 40 27 79 | www.khowarib.com | €€€*

## AUSKUNFT

### SESFONTEIN TOURIST INFORMATION
*An der Hauptstraße | Tel. 065 27 55 77*

## ZIELE IN DER UMGEBUNG

### KHOWARIBSCHLUCHT
**(128 C4) (∅ C3)**
Die urwüchsige Schlucht liegt 40 km südöstlich von Sesfontein am Fluss Hoanib, in dessen Wasserlachen sich Schildkröten verstecken. Auf der Wasseroberfläche tanzen Heerscharen von Libellen. Die Piste durch das Tal ist ein Highlight für Offroadfans, aufgrund des tiefen Sands im Flussbett jedoch nicht ganz ungefährlich. Wanderschuhe sind die sicherere und umweltfreundlichere Alternative.

**`INSIDER TIPP`** ▸ **ONGONGO FALLS**
(128 C4) (*ɯɯ C3*)

Das Wort Ongongo ist Herero und bedeutet „Wasser, das niemals aufhört" – und dieser Name täuscht nicht. Am Fuß des paradiesischen, kleinen Wasserfalls liegt ein kristallklarer natürlicher Pool. Darin können Sie ganzjährig baden. Am Wasserfall befindet sich ein Community-campingplatz (*17 Stellplätze | Tel. 081 6 82 42 22*). Dort wird auch der Eintritt für Tagesgäste fällig. Der Weg zum Ongongowasserfall führt über einen Abzweig am Ortsausgang von Warmquelle, das 15 km östlich von Sesfontein liegt. *Eintritt 20 N$*

### PALMWAG CONCESSION AREA
(128 C5) (*ɯɯ C4*)

Drei zusammengelegte *conservancies* bilden ein 5800 km² großes Schutzgebiet, das von der kleinen Palmenoase Palmwag bis an den Rand des Skeleton Coast National Park reicht. Die sanften Hügel mit ihren giftigen Euphorbiabüschen sind Heimat für den weltweit größten Bestand an frei lebenden Spitzmaulnashörnern. Auch Wüstenelefanten wandern durch die Täler der Trockenflüsse, Löwen lauern in den wenigen schattigen Verstecken auf Zebras und Antilopen, und selbst ein paar deplaziert wirkende Giraffen stolzieren durch die karge, aber malerisch schöne Weite.

Direkt hinter dem Veterinärzaun, der die Krankheiten des Weideviehs draußen halten soll, liegt 110 km südlich von Sesfontein an der Oase nahe der C43 die *Palmwag Lodge (5 Luxuszelte, 20 Zi. | Tel. 061 27 45 00 | www.wilderness-safaris. com | €€€)*. Der Standort der Anlage ist traumhaft, die Zimmer sind allerdings nur Standard und zudem viel zu teuer. Das Essen dagegen ist sehr gut, und einen Campingplatz (*9 Stellplätze*) gibt es auch.

# SKELETON COAST NATIONAL PARK

(128 A–C 1–6) (*ɯɯ A–C 1–6*) ★ **500 km lang erstreckt sich der schlauchförmige Park zwischen den Flüssen Ugab im Süden und Kunene im Norden. Die Einsamkeit und die raue Natur machen den Park einzigartig.**

Der gruselige Name erklärt sich eindrucksvoll durch die Walknochen und Schiffswracks, die am Strand liegen. Besonders interessant sind das *Wrack der South West Sea*, das leicht zugänglich 17 km nördlich des Ugabmundeingangs liegt, sowie die Lagune des Flusses Huab 23 km weiter. Noch einmal 3 km weiter nördlich stehen die Reste einer Ölbohrplattform wie ein verrosteter Abenteuerspielplatz. Dass es im Park auch Leben gibt, belegen die zahlreichen Spuren von Strandwölfen und Schakalen; zu sehen sind die scheuen Räuber allerdings nur selten. Der Parkabschnitt nördlich von Terrace Bay ist ausschließlich aus der Luft erreichbar. Wer den Mythos der harschen Küstenwüste verstehen will, muss sie aber auf dem Landweg im südlichen Abschnitt erkunden.

Tagesbesucher bekommen ihren Schein – normalerweise – an einem der beiden Eingangstore (Haupttor am Ugabmund im Süden und Springboktor bei Springbokwasser im Osten). Wenn Sie ganz sicher gehen wollen, wenden Sie sich vorab an das Büro des Ministeriums für Umwelt und Tourismus (MET) in Swakopmund (*Ecke Bismarck Street/Sam Nujoma Avenue | Tel. 064 40 45 76*). *Parkeinlass 8–15 Uhr | Eintritt 40 N$, 10 N$ fürs Auto*

## ÜBERNACHTEN

Die einzigen Übernachtungsmöglichkeiten im Skeleton Coast National Park sind der *Campingplatz Torra Bay (60 Stellplätze | nur Dez.–Jan.)* und das *Parkcamp in Terrace Bay (20 Zi., 2 Chalets | Tel. 064 40 2172 | www.nwr.com.na | €€€).*

steht, bieten sich Postkartenmotive. Ihre rote Farbe haben die Dünen am Vlei übrigens von einer rostigen Eisenhülle um die Sandkörner – im Gegensatz zu den Dünen am Atlantik, wo sich diese Schicht durch die Wellen abgerieben hat. Mindestens so fotogen wie der Sossusvlei ist der nahe Dead Vlei, ein ausgetrockneter

Im Spiel der Elemente entsteht im Skeleton Coast National Park eine einzigartige Landschaft

# SOSSUSVLEI

**(134 C6) (🗺 E10)** ⭐ **Die Schönheit des bis zu 300 m hohen Dünensystems am Sossusvlei ist vereinnahmend. Den Namen hat der Vlei, der eigentlich Teil eines unterirdisch verlaufenden Flusses ist, aus der Sprache der Nama. Wegen seines scheinbar ziellosen Verlaufs in der Wüste nennen sie ihn den „blinden Fluss".**

Der „Blinde" schafft allerdings vorzügliche optische Reize: Besonders wenn in regenreichen Jahren Wasser im Vlei

See mit kahlen, trockenen Bäumen, die wie erstarrte Zeugen einer anderen Zeit inmitten des Sandmeers stehen.

Um den Sonnenaufgang oder -untergang vor dieser Kulisse zu genießen, müssen Sie im Park übernachten, weil das Haupteingangstor 60 km östlich erst exakt mit Sonnenaufgang öffnet und bereits mit Einbruch der Dunkelheit schließt. Der Sossusvlei gehört zwar zum Namib-Naukluft National Park, Sie erreichen ihn aber nur über eine Stichstraße von außerhalb des Geländes und müssen separat Eintritt zahlen. Die letzten 5 km zum Vlei sind nur mit einem Allradfahrzeug passierbar, es steht jedoch ein kostenpflichtiger Shuttleservice bereit. *Eintritt 80 N$, 10 N$ fürs Auto | Allradshuttle 100 N$*

## ÜBERNACHTEN

### DESERT CAMP
Hier wohnen Sie in geräumigen, festen Zelten, die auf einer gemauerten Basis stehen. Die Zelte sind modern eingerichtet und haben jeweils eine schöne Küchenzeile auf der überdachten Terrasse. Eine elegante und verhältnismäßig günstige Alternative zu den teuren Lodges der Umgebung. *20 Zi. | 5 km nördl. des Tors an der C27 | Tel. (Südafrika) +27 21 9 30 45 74 | www.desertcamp.com | €€*

### DUNE LODGE
Die Häuschen der eleganten Lodge – der einzigen im Park – schmiegen sich mit Blick auf die roten Dünen an einen Hang oberhalb des Sesriem Canyon. Die im Stil

traditioneller Rundhütten angelegten Zimmer sind geräumig und stilvoll im Safarilook ausgestattet. *25 Zi. | Tel. 064 40 21 72 | www.nwr.com.na | €€€*

### WELTEVREDE
Die Gästefarm am Rand der Naukluftberge ist ein Paradies für Vogelfreunde. Am beleuchteten Wasserloch finden sich neben allerlei Federvieh aber auch Kudus, Oryxantilopen, Zebras, Giraffen, Springböcke und bisweilen sogar Hyänen, Geparde und Leoparden ein. Die Zimmer der Farm sind einfach, aber komfortabel. *15 Zi. | 47 km nördl. des Tors an der C19 | Tel. 063 68 30 73 | www.weltevredeguestfarm.com | €€*

## ZIELE IN DER UMGEBUNG

### NAMIB RAND NATURE RESERVE ★
(137 E–F 1–2) (*ⓜ F10*)
Mitten im Grasland 70 km südöstlich des Sossusvlei liegen mysteriöse

Ruhepause im Wüstensand: Ein Wasserloch am Sossusvlei ist ein hübsches Plätzchen für eine Rast

vegetationslose Feenkreise, die Wissenschaftlern noch immer Rätsel aufgeben. Strauße tanzen seltsame Pirouetten, um von ihren Jungen abzulenken, während Oryxantilopen gelassen ihres Wegs trotten und Erdwölfe schüchtern, aber neugierig durch das Gras linsen. Vor dem Hintergrund der stahlblauen Berge der Umgebung erscheint das riesige Privatreservat wie ein Kunstwerk, eine stille Galerie der Natur. So ruhig ist es, dass die Geräusche eines Kugelschreibers störend laut wirken. Hier geht es nicht um möglichst viel Großwild, sondern um ein einzigartiges Ökosystem, wachsam behütet wie mit den Augen der hier vorkommenden Chamäleons. Hohe Preise schließen Massentourismus aus, Tagesgäste sind gar nicht zugelassen.

Die ✿ ⏰ *Wolwedans Lodges (4 weit verstreute Luxuscamps mit insgesamt 40 Zi. | Tel. 061 23 06 16 | www.wolwedans.com | €€€)* im Park werden mit Rücksicht auf die Umwelt betrieben. Der Strom kommt aus Fotovoltaikanlagen. Die Gebäude sind in schonender Holzbauweise errichtet und haben Wände aus Zeltplanen, die Sie für einen traumhaften Panoramablick hochrollen können.

### SESRIEM CANYON (134 C5–6) (*⌖ E9*)

Direkt hinter dem Parkeingang zum Sossusvlei führt eine Schotterstraße zu dem 4,5 km südlich gelegenen Sesriem Canyon. Bis zu 30 m tief hat er sich in die Erdoberfläche eingegraben. Über einen steilen Abstieg gelangen Sie in die Unterwelt, wo kleine Kolke, Wasserpools in einem ausgetrockneten Flussbett, zum Schwimmen einladen. Mit ihnen hängt indirekt auch der Name der Schlucht zusammen: Sechs verknüpfte Ochsenwagenriemen benötigten die frühen Siedler, um Wasser nach oben zu ziehen.

Während der Regenzeit wird der Sesriem Canyon bisweilen gesperrt – wer dann dennoch illegal hinunterklettert, läuft Gefahr, von einer 3 m hohen Flutwelle an den Felswänden zerrieben zu werden!

# SWAKOP-MUND

▨ KARTE IM HINTEREN UMSCHLAG
(134 B3) (*⌖ D7*) **Bestes Beispiel für den allgegenwärtigen Wandel Swakopmunds ist die Harpunenkanone eines norwegischen Walfängers, die bunt angemalt unterhalb des Leuchtturms am Kinderspielplatz steht. Farbenfroh und lebendig zeigt sich das einst südlichste „deutsche" Seebad heute.**

Die Stadt (34 000 Ew.) hat sich zu einem modernen Küstenort entwickelt, der seine Geschichte nicht versteckt, aber auch alles andere als rückwärtsgewandt wirkt. Neben den größtenteils schön restaurierten Kolonialzeitbauten sprießen neue Lofthäuser, im Stadtzentrum gibt es afrikanische Kunst und auf der Seebrücke eine Sushibar.

Swakopmund ist bei Urlaubern aus dem In- und Ausland extrem beliebt und lädt zu Shoppingspaziergängen oder zum Flanieren am Meer ein. Die Strände sind verlockend, das Wasser aufgrund des Benguelastroms allerdings meist empfindlich kalt. Für Angler wird dieser Minuspunkt zum großen Plus: In den nährstoffreichen Gewässern tummeln sich gigantische Fischschwärme, die Bestände haben sich seit dem Verbot der Netzfischerei gut erholt.

Zu kämpfen hat die Stadt lediglich in Hinblick auf ihre Süßwasservorräte, was Sie bei einem morgendlichen Spaziergang auch deutlich riechen können: Die städtischen Blumenbeete und Grasflächen werden dann mit aufbereitetem Klärwasser besprenkelt.

Die koloniale Vergangenheit ist im Küstenort Swakopmund noch immer präsent

## SEHENSWERTES

### KRISTALLGALERIE

Den Eingang zur Haupthalle bildet eine dunkle Höhle, an deren Ende der größte ausgestellte Quarzkristall der Welt wartet. Prächtige Halbedelsteine, die meisten aus Namibia, funkeln um die Wette. Eine Schauwerkstatt zeigt die Verarbeitung, und im Becken im Innenhof dürfen Sie sich Ihren eigenen Schatz suchen. *Mo–Sa 9–17 Uhr | Ecke Tobias Hainyeko Street/Theo-Ben Gurirab Avenue | Eintritt 20 N$*

### NATIONAL MARINE AQUARIUM

Bei Redaktionsschluss wurde das einzige Meereskundemuseum Namibias gerade renoviert. Die Wiedereröffnung stand kurz bevor. *Strand Street*

### SWAKOPMUND MUSEUM

Das reich bebilderte Museum hat eine der besten völkerkundlichen Ausstellungen des Landes. Daneben werden viele lokale Themen wie Schiffswracks und das maritime Ökosystem behandelt. Die Erläuterungen sind in Deutsch, Englisch und Afrikaans verfasst. *Tgl. 10–17 Uhr | Promenade an der Mole | Eintritt 20 N$*

### WOERMANNHAUS

Buchstäblicher Höhepunkt des Gebäudes, das 1905 als Hauptquartier des Handelsunternehmens C. Woermann errichtet wurde, ist der **INSIDER TIPP** *Damaraturm*. Vom höchsten Bauwerk Swakopmunds schweift der Blick über die Dächer der Häuser bis in die Wüste. Im Haupthaus befinden sich eine Bibliothek, eine Kunstgalerie und ein Café. *Mo–Fr 9–17, Sa 9–13 Uhr | 10 Bismarck Street*

## ESSEN & TRINKEN

**INSIDER TIPP** **22° SOUTH**

Der Fisch kommt frisch vom Boot, der Chef vom Gardasee: Silvio Magri hat die mediterrane Küche im alten Leuchtturm-wärterhaus etabliert, setzt dabei aber auf lokale Zutaten und importiert nichts außer Pasta und Kaffee. Tagsüber sitzen Sie am besten auf der Außenterrasse unter dem 1902 erbauten Leuchtturm. Die Pizzen hier sind ein Genuss! *Mo geschl. | Dr.-Ludwig-Koch-Straße | Tel. 064 40 03 80 | €€*

### ERICH'S RESTAURANT

Hier bekommen Sie viel Wild, viel Fisch und vor allem viel auf den Teller! Die satten Portionen von 500 g Rumpsteak oder 300 g Wild werden für besonders hungrige Gäste auf Wunsch auch noch einmal vergrößert. *So und mittags geschl. | 21 Daniel Tjongarero Street | Tel. 064 40 51 41 | €*

### THE FISH DELI

Das gut sortierte Fischgeschäft bezieht seine Ware direkt vom Hafen in Walvis Bay. An der Theke gibt es leckere belegte Brötchen, z. B. mit geräucherter Meerbarbe, einer Swakopmunder Spezialität. Das Bistro bereitet auf Wunsch Fisch von der Theke frisch zu. *So und abends geschl. | 29 Sam Nujoma Avenue | Tel. 064 46 29 79 | €*

### INSIDER TIPP ▶ JETTY 1905 �△

Zwar ist die Geschichte des edlen Fischrestaurants wesentlich jünger, als der Name vorgaukelt. Doch seitdem das Swakopmunder Wahrzeichen, die Seebrücke (engl. *jetty*), 2010 in der jetzigen Form fertiggestellt wurde, hat die Stadt auch ein kulinarisches Highlight mehr: Das Restaurant befindet sich an der Spitze der Brücke. Gebaut wurde sie übrigens 1912 und seitdem unzählige Male geschlossen, renoviert und immer wieder eröffnet. Sushi, Tapas und eigene Kreationen – der heimische Adlerfisch nach Graved-Lachs-Art ist ein Gedicht – passen

perfekt zum Ambiente mit 360-Grad-Meerblick. *Tgl. | Strand Street | Tel. 064 40 56 64 | €€*

### SWAKOPMUND BRAUHAUS

Dieser urdeutsche, rustikale Touristenmagnet bietet gute Küche und ist auch bei Einheimischen beliebt. Deswegen ist das Brauhaus auch oft ausgebucht. In der Saison wird hier Spargel aus dem Swakoptal serviert. *So geschl. | Brauhaus Arkade, Sam Nujoma Avenue | Tel. 064 40 22 14 | €€*

## EINKAUFEN

### AFRICAN ART JEWELLERS

Holz, Muscheln, Tierhaare und alle möglichen antiken Gegenstände werden in Kombination mit Platin, Gold, Halbedelsteinen und Diamanten zu unwiderstehlichen Schmuckstücken – jedes Kunstwerk ein Unikat. *1 Hendrik Witbooi Street, im Hansa-Hotel-Gebäude | www.aajewell. com.na*

### AFRICAN LEATHER CREATIONS

Hier werden die berühmten *vellies*, gemütliche Wüstenschuhe aus Kuduleder, produziert. Die kleine Fabrik können Sie besichtigen. *22 Rakotoka Street*

### KARAKULIA WEAVERS

Auf einer Tour durch die kleine Halle erklären die Karakulweber die Kunst des Teppichknüpfens mit Schafwolle – vom Waschen der Wolle bis zum fertigen Produkt. *22 Rakotoka Street | www.karakulia. com.na*

### KUBATSIRANA HELPING HANDS ☺

Sie können authentische namibische Souvenirs wie die Otjimbarakörbe der Himba, aber auch bestickte T-Shirts und !Nara-Öl-Lotionen erstehen. Alles stammt aus lokaler Produktion, und alles wird zur Unterstützung der Projekte verkauft, die die Waren herstellen. *Libertina Amathila Street*

### DIE MUSCHEL

Die Buch- und Kunsthandlung hat auch ein kleines Straßencafé und ist ideal zum Stöbern und Genießen. *Brauhaus Arkade, Tobias Hainyeko Street*

### SWAKOPMUNDER BUCHHANDLUNG

Die älteste Buchhandlung Namibias existiert seit Januar 1900 und legt ihren Schwerpunkt auf deutsch-namibische Bücher. *22 Sam Nujoma Avenue*

## FREIZEIT & SPORT

### REITEN

Bis zu sechs Tage lang oder nur stundenweise: Auf dem Pferderücken erkunden Sie die Wüste leise und natürlich. Mit etwas Glück treffen Sie sogar auf einsame Wüstenbewohner wie Strauß oder Schakal, mit Sicherheit aber erwartet Sie ein einmaliges Reiterlebnis. *Okakambe Horse Trails | Swakopmund | Tel. 064 40 27 99 | 2-std. Ausritt 590 N$, ab 2 Pers. 540 N$ pro Pers., mehrtägige Touren auf Anfrage | www.okakambe.iway.na*

### INSIDER TIPP ▶ WÜSTENTOUR

Was für den zugereisten Betrachter zunächst wie eine leblose Sandwüste aussieht, wird plötzlich zum Naturwunder. Chamäleons, Räderspinnen, Geckos und Schlangen tauchen aus dem Sand auf. Die *Living Desert Tour* führt Sie durch den Dünengürtel zwischen Swakopmund und Walvis Bay. Dabei wird das hochgradig angepasste Leben in dieser wasserarmen Landschaft mit ihrer erstaunlich dicht konzentrierten Tierwelt erklärt. Die Botschaft des Guides: „Wenn ihr durch die Dünen lauft, sind da immer Augen, die euch auf den Hintern gu-

cken." Die lockere und temporeiche Tour ist auch für Kinder ideal geeignet. Ganz Mutige bekommen sogar einen lebendigen Eidechsen-Ohrclip. *Living Desert Adventures | Swakopmund | Halbtagestour 600 N$ | Tel. 081 127 50 70 | www. livingdesertnamibia.com*

## AM ABEND

### TIGER REEF BAR

Die Beachbar direkt an der Swakopmündung ist vor allem in der Hauptsaison der Mittelpunkt des überschaubaren Nachtlebens. Ideal für einen Cocktail zum Sonnenuntergang. *Tgl. | Strand Street*

## ÜBERNACHTEN

### THE ALTERNATIVE SPACE

Das schöne Bed and Breakfast bezeichnet sich selbst als „erwachsen gewordener Backpacker" und trifft damit den Punkt. In der schönen Kaminlounge oder auf der Hängematte können Sie ungezwungen entspannen, die Bücherecke liefert den Lesestoff für den Rückzug in die ruhigen Nischen des Gartens. *5 Zi. | 167 Anton Lubowski Avenue | Tel. 064 40 27 13 | nam00352@mweb.co.na | €*

### DÜNENBLICK

Die modernen Selbstversorgereinheiten mit Grillbalkon sind voll ausgestattet und im Loftstil eingerichtet. Meer- und natürlich Dünenblick gibt es dazu. *4 Zi. | 37 Riverside Avenue | Tel. 064 46 39 79 | www.selfcatering-swakopmund.com | €*

### HANSA HOTEL

Das älteste Hotel Namibias besteht seit 1905. Es ist eine Institution in Swakopmund und mit seinem herrlichen Innenhofgarten und dem exzellenten Gourmetrestaurant *(€€)* eine Sehenswürdigkeit für sich. Die eleganten Zim-

Trügerisches Strandidyll: Zum Baden ist der Atlantik bei Swakopmund meist zu kalt

mer runden die noble Atmosphäre ab. *58 Zi. | Hendrik Witbooi Street | Tel. 064 41 42 00 | www.hansahotel.com.na | €€€*

### INSIDER TIPP ▶ MEIKE'S GUESTHOUSE ☺

Das einladende Haus ist ein maritimer Traum, so hell wie das Gemüt der Gastgeberin. Gemeinsam mit ihrem Mann Klaus achtet Meike Würriehausen auf die Details: Den Frühstücksraum wärmt ein Holzofen, und die geräumigen Zimmer sind mit hölzernen Fischchen oder eindrucksvollen Dünenfotografien geschmückt. Auch aus ökologischer Sicht überzeugt das Gasthaus: Solarthermen erhitzen das Wasser, der Müll wird getrennt und der Wasserverbrauch zentral überwacht. *8 Zi. | Windhoeker Straße 23 | Tel. 064 40 58 63 | www.natron.net/ meikesguesthouse | €*

### SAM'S GIARDINO

Das hohe, holzvertäfelte Haus mit hübschem Garten und Weinkeller bringt ein Stück Schweizer Hüttengemütlichkeit nach Swakopmund – inklusive Berner Sennenhund. Weitere Highlights sind Weinverkostungen und täglich wechselnde Fünfgängemenüs. *9 Zi. | 89 Anton Lubowski Avenue | Tel. 064 40 32 10 | www. giardinonamibia.com | €€*

### SEA SIDE HOTEL & SPA ☀

Das schöne Hotel ist edel eingerichtet, allerdings fehlt ihm etwas die Atmosphäre. Sämtliche Zimmer haben Meerblick. Im ● Spa stehen Ihnen u. a. Sauna, Whirlpool und ein römisches Bad zur Verfügung. *36 Zi. | Dolphin Drive | Tel. 064 41 59 00 | www.seasidehotelnamibia. com | €€€*

### AUSKUNFT

### NAMIB I

*Ecke Sam Nujoma Avenue/Hendrik Witbooi Street | Tel. 064 40 48 27 | namibi@ iway.na*

Fotogenes Felsmassiv: die Spitzkoppe

die vor allem zur Abenddämmerung traumhafte Fotomotive liefern, finden sich 13 weit verstreute Zeltstellplätze und vier Bungalows *(Tel. 081 3 66 93 62 | lesleescda@yahoo.com)*. Für die spärlichen Sanitäranlagen brauchen Sie zwar einige Toleranz, die atemberaubende Kulisse entschädigt jedoch dafür. *Eintritt 20 N$, 10 N$ fürs Auto*

### WELWITSCHIA DRIVE UND MOND-LANDSCHAFT (134 B3) *(⑭ D–E7)*

Die 160 km lange Rundfahrt (Start 20 km östlich von Swakopmund) hat ihren Namen von den Welwitschias, jenen bis zu 1500 Jahre alten, zweiblättrigen Pflanzen, die trotz ihrer teilweise immensen Größe von mehreren Metern Durchmesser unscheinbar über die Schotterfläche verstreut sind. Sie kommen jahrelang ohne Regen aus, obwohl sie über kein besonders tief wachsendes Wurzelwerk verfügen. Wissenschaftler nehmen an, dass sie auf ihren Blättern Tau sammeln, der dann zu den Wurzeln läuft. Es sind bei Weitem nicht nur die Welwitschias, die die Rundfahrt zum Erlebnis machen. Beeindruckend ist vor allem auch das im Vergleich zum Umland unfassbar grüne Tal des Swakopriviers.

Durch die spektakuläre Mondlandschaft kommen Sie über die D1991 hinunter ins Tal zur kleinen Oasenfarm **INSIDER TIPP** *Goanikontes*. Hier gibt es sonntags von 11 bis 17 Uhr frischen Kuchen auf der Terrasse des alten Bauernhauses und darüber hinaus schöne, sehr günstige Unterkünfte *(2 Zi., 8 Bungalows, 22 Zeltstellplätze | Tel. 064 40 52 88 | goanikontes-oasis@ iway.na | €)*. Mittag- und Abendessen bekommen Sie außerdem im Restaurant *(tgl. | Tel. 064 40 59 76 | €€)*, allerdings nur nach Vorbestellung. Wenn Sie die Farm etwas später am Tag wieder verlassen, haben Sie gute Chancen, auf dem Rückweg scheue Springböcke und Strau-

### ZIELE IN DER UMGEBUNG

**SPITZKOPPE** ★ ● (134 C2) *(⑭ E6)*

152 km nordöstlich von Swakopmund erhebt sich der markante Berg knapp 700 m aus der Ebene der Namib und 1728 m über den Meeresspiegel. Wenn Sie bis auf den Gipfel kraxeln wollen, brauchen Sie einen Tag Zeit, keine Kletterausrüstung, aber Fitness und einen lokalen Guide. Einen Führer benötigen Sie wegen der Zerstörungswut vorheriger Besucher inzwischen auch für die Felsmalereien am Massiv. Die Granitklippen, die durch ihren hohen Eisenanteil rötlich-orange gefärbt sind, wirken übrigens selbst wie gemalt.

Zwischen den bizarren Felsformationen aus Bögen, Kugeln und Überhängen,

ße entlang des Horizonts zu sehen, der sich im Licht der untergehenden Sonne rot-orange abzeichnet.

Die Erlaubnisscheine für die Route gibt das Büro des Ministeriums für Umwelt und Tourismus (MET) in Swakopmund aus *(Ecke Bismarck Street/Sam Nujoma Avenue | Tel. 064 40 45 76 | 40 N$, 10 N$ fürs Auto)*.

# TWYFEL-FONTEIN

**(129 D6) (**🗺 *D5***) Mehr als 2000 Gravuren haben der wichtigsten Felsenkunstfundstelle in Namibia Weltkulturerbestatus eingebracht.**

Außer den vorherrschenden Tierabbildungen sind hier auch geometrische Karten verewigt. Neben den Gravuren gibt es sogar Felsmalereien – das Zusammentreffen beider Praktiken ist äußerst selten und eine weitere Besonderheit dieser historischen Stätte. Das moderne Informationszentrum versucht, die Rätsel um Häufung und Funktion der Felsenkunst zu erklären, doch vieles ist bis heute nicht erforscht.

Ihren afrikaansen Namen, der sinngemäß übersetzt „Zweifelquelle" bedeutet, bekam die Sandsteinformation übrigens von europäischen Siedlern: Die suchten am /Ui//aes – dem „Ort der aufeinandergepackten Steine", wie die San ihn nannten – lange vergeblich nach Wasser und bekamen schließlich Zweifel an der überlieferten Quelle. Auch Sie sollten heute als Besucher noch reichlich Proviant in die Gegend mitnehmen. Im wilden Nordwesten gibt es äußerst wenige Einkaufsmöglichkeiten, und selbst Tankstopps sollten gut geplant sein. *April–Aug. tgl. 7–17, Sept.–März 8–18 Uhr | Eintritt 50 N$, 20 N$ fürs Auto*

**INSIDER TIPP** ▶ **MADISA CAMPSITE**
Der traumhafte Campingplatz liegt am meist trockenen Fluss Guantegab. Hin und wieder trottet eine Elefantenherde durch das sandige Flussbett, und nachts ist der klare Sternenhimmel beeindruckend. *10 Stellplätze | 50 km östl. an der D2612 | Tel. 081 2 37 40 98 | www.madisacampsite.com*

### TWYFELFONTEIN COUNTRY LODGE
Direkt an die Weltkulturerbestätte angrenzend liegt die große Lodge malerisch am Berg. Die Zimmer bieten gehobenen Standard, sind aber nicht so luxuriös wie der Preis vermuten lässt – für das schwer zugängliche Nordostnamibia ist das allerdings die Regel. Das Restaurant *(tgl. | €€€)* steht nach Reservierung auch Gästen offen, die nicht in der Lodge übernachten. *56 Zi. | Tel. 067 69 70 21 | www.namibialodges.com | €€€*

### ORGAN PIPES UND BURNT MOUNTAIN **(129 D6) (**🗺 *D5***)**
Die Kirche fehlt, hier steht nur die Orgel: In einer kleinen Schlucht 10 km östlich von Twyfelfontein finden sich eckige Doleritsäulen – Basaltgestein, das einst flüssig in Erdspalten emporschoss. Wie Orgelpfeifen heben sie sich als Überbleibsel der Erosion bis zu 5 m hoch aus dem sandigen Flussbett. Der frühe Vogel fängt hier den Wurm, denn die Schattenspiele der aufgehenden Sonne sind besonders beeindruckend.

Auch den Burnt Mountain, der einen Kilometer weiter an der gleichen Schotterstraße D3254 liegt, sollten Sie früh am Morgen besuchen. In der Mittagssonne sieht er eher unspektakulär aus – verbrannt geradezu.

### PETRIFIED FOREST (129 D5) (🗺 D5)

Der heute versteinerte Wald, den Sie 45 km nordöstlich von Twyfelfontein finden, wuchs eigentlich viel weiter nördlich. Vor 260 bis 280 Mio. Jahren wurden die Stämme aus Zentralafrika angespült. Die Konturen der weit gereisten Riesen sind unglaublich detailgenau in Stein übergegangen, selbst Jahresringe, Borke und Astlöcher sind noch zu erkennen. Weil der pflanzliche Kohlenstoff Molekül für Molekül hauptsächlich durch Mangan und Eisen ersetzt wurde, sind die Bäume doppelt so schwer wie das umliegende Gestein. *Tgl. 8–18 Uhr | Eintritt 40 N$, 20 N$ fürs Auto*

### VINGERKLIP 🌿 (129 E5) (🗺 E5)

30 Mio. Jahre Erosion haben vom Gestein auf der Ebene nur noch einen Finger stehen lassen – eine 35 m hohe Klippe, die die Landschaft überragt (165 km östlich von Twyfelfontein). Wer versucht, sie zu erklettern, riskiert neben einem Absturz auch, dass die Besitzer der malerisch gelegenen *Vingerklip Lodge (23 Zi. | Tel. 067 29 03 19 | www.vingerklip.com.na | €€€)*, auf deren Land der Felsen steht, ihm die Luft aus den Autoreifen lassen. So prophezeit es jedenfalls das kreative Warnschild am Parkplatz. Der kurze Aufstieg bis an den Fuß des Felsens ist jedoch gestattet und absolut lohnenswert. *Tgl. 9–17 Uhr | Eintritt 5 N$*

# UIS

**(134 B1)** *(🗺 D6)* **Das Dorf Uis (2000 Ew.) ist geprägt von einer alten Zinnmine, reizvoll ist die Mischung aus der schier unendlichen Weite der hier noch absolut flachen Namib und der Silhouette des Brandbergmassivs.**

Als die Mine 1990 stillgelegt wurde, gingen 2000 Arbeitsplätze verloren. Die meisten Menschen verließen den Ort, Uis wurde zur Geisterstadt. Es dauerte ein gutes Jahrzehnt, bis der Tourismus dem Ort wieder Leben einhauchte – und

Sieht aus wie Holz, ist es aber schon lange nicht mehr: versteinerter Baum im Petrified Forest

ihn mit seinem Supermarkt zum idealen Ausgangspunkt für Touren in die nördliche Namib machte.

## SEHENSWERTES

### ALTE ZINNMINE ✹

Direkt am Ortsrand erhebt sich die höchste Abraumhalde der alten Mine wie eine riesige Düne über die Ebene der Namib. Eine Allradpiste führt entlang der Ruinen alter Minengebäude durch die stille Industriebrache bis ganz nach oben auf den festen Kiesberg. Der Ausblick ist gigantisch, das Spiel der Sonnenstrahlen mit den Ruinen und der Weite zwingt Sie bei Sonnenaufgang und -untergang förmlich zum Fotografieren.

## EINKAUFEN

### INSIDER TIPP ▶ UIDAGO WEAVING CENTRE

Auf dem Gelände der Schule stellt die Familie !Auchab Karakulteppiche her. Vom Wollewaschen bis zum fertigen Teppich wird jeder Arbeitsschritt unter einem Dach erledigt, die Produktionsstätte ist zugleich Verkaufsort. *School Street*

## ÜBERNACHTEN

### BRANDBERG REST CAMP

Was heute die einfache, aber herzliche Lodge ist, war früher der Old Mine Club. Die geräumigen Zimmer liegen am riesigen Swimmingpool, ein Campingplatz mit Stromanschlüssen und einer Feuerstelle gehört ebenfalls zum Gelände. *9 Zi., 16 Zeltstellplätze | Main Road | Tel. 064 50 40 38 | www.brandbergrestcamp. com | €*

### BRANDBERG WHITE LADY LODGE ☺

Die Lodge erstreckt sich weiträumig zwischen dem größtenteils unterirdisch

verlaufenden Fluss Ugab und dem Fuß des Brandbergmassivs, 25 km nordwestlich von Uis. Die frei stehenden Chalets, die umweltfreundlich mit Solarstrom versorgt werden, sind aus groben Natur-

Klettern verboten: Vingerklip

steinen der Gegend unter Schatten spendenden Bäumen gebaut. Die Hitze bleibt so weitgehend draußen. Zwischen August und Dezember laufen an manchen Tagen die Wüstenelefanten quer über das Gelände. *23 Zi., 5 feste Zelte | Tel. 064 68 40 04 | www.brandbergwllodge. com | €€*

## AUSKUNFT

### TOURIST INFORMATION UIS

Hier gibt es einen Shop für Kunsthandwerk, der auch Halbedelsteine aus der Umgebung verkauft, ein Café und ei-

Weinreben wie die der Kristallkellerei sind in Namibia ein seltener Anblick

nen Internetraum. *Main Road | Tel. 064 50 41 62 | vkahorere@yahoo.com*

## ZIELE IN DER UMGEBUNG

**BRANDBERG** ⭐ **(134 B1)** *(𝖒 D6)*
Hauptattraktion an Namibias höchstem Bergmassiv ist die *White Lady*. So hat zumindest der französische Archäologe Abbé Henri Breuil die markante Felsmalerei der San (30 km nordwestlich von Uis) genannt. In Wirklichkeit handelt es sich bei der weißen Dame zwar um einen afrikanischen Herrn, doch der Name ist geblieben. Die Kunstwerke im Felsen waren allerdings lange gefährdet. Weil respektlose Besucher es nicht lassen konnten, die bis zu 2000 Jahre alten Zeichnungen am Brandberg mit den eigenen Initialen zu ergänzen oder gar mit Cola zu übergießen, darf Namibias höchstes Bergmassiv heute nur noch mit Guides erwandert werden.
Der Weg zur White Lady dauert eine halbe Stunde, nach Regenfällen müssen Sie allerdings ganze neun Bäche durchqueren. Wenn Sie ganz nach oben wollen, müssen Sie Zeit und Proviant mitbringen – die Tour zum *Königsstein (nur mit Voranmeldung unter Tel. 064 50 41 62)*, dem 2573 m hohen Gipfel, nimmt drei Tage in Anspruch. *Tgl. 8–16 Uhr | Eintritt 50 N$, 20 N$ fürs Auto*

**INSIDER TIPP ▶ KRISTALLKELLEREI**
**(135 D1)** *(𝖒 F6)*
Ein Perlenkauz ruft im Kameldornbaum, während die Blätter leise im Wind rascheln. Ungewöhnlich ist die Szene in Namibia nicht – wohl aber die Tatsache, dass der Vogel über ein 2,8 ha großes Weinfeld blickt. Auf einem von nur drei Weingütern im gesamten Land bauen Katrin und Michael Weder am Ortsrand von Omaruru (123 km östlich von Uis) die Rebsorten Colombard, Cabernet Sauvignon, Ruby Cabernet und Tinta Barocca an. Der Rotwein bildet später in der Flasche eine Cuvée, der Colombard bleibt rein. Wirklich berühmt sind die quer

eingestiegenen Weinbauern aber für ihren Grappa, landestypisch *nappa* genannt. Einen Weinberg brauchen sie für den Anbau der Trauben übrigens nicht: In Namibia scheint die Sonne auch ohne Hangverstärkung kräftig genug.

Auf einer Tour mit Verkostung führen die Weders Besucher über ihr kleines Weingut. Die Käse- und Fleischplatte, die es dazu gibt, ist wie der Wein ein Hochgenuss. Wenn Sie danach nicht mehr weiterfahren möchten, übernachten Sie einfach in der hübschen, kleinen Selbstversorgereinheit *(€)* am Weinfeld. *Mo–Fr 7.30–16.30, Sa 8.30–12.30 Uhr und nach Absprache | Omaruru | Dr Ian Scheepers Drive | Tel. 064 57 00 83 | www. kristallkellerei.wordpress.com*

# WALVIS BAY

(134 B3) (*ጠ D8*) **Als „Oase der Möglichkeiten" beschreibt eine Tafel am Ortseingang die Stadt (42 000 Ew.).** Das gilt nicht nur für Unternehmen, die den wichtigsten Tiefseehafen zwischen Kapstadt und Lagos nutzen. Walvis Bay ist längst mehr als eine Industriestadt und auch für Touristen interessant. In puncto Freizeitmöglichkeiten führt an der einstigen Exklave, die die Südafrikaner erst 1994 an Namibia zurückgaben, kein Weg vorbei. Auf der Lagune gehts per Kajak oder Katamaran auf Delphin- und Robbensuche, Windsurfer finden auf der flachen Lagune von Walvis Bay ideale Bedingungen, und auch der beste Koch des Landes, David Thomas, serviert seine Kreationen in dem Ort.

## ESSEN & TRINKEN

### ANCHORS

Das urige Restaurant liegt an der kleinen Waterfront, von der die Tourboote able-

gen. Es ist berühmt für seine Calamarigerichte und den fangfrischen Fisch. *So abends und Mo abends geschl. | Waterfront, Atlantic Street | Tel. 064 20 57 62 | €*

### INSIDER TIPP ▶ LYON DES SABLES

Die Gerichte von Küchenchef David Thomas sind ein göttlicher Genuss – und das nicht nur, weil sein Restaurant in einer ehemaligen Kirche untergebracht ist. Bei den Franzosen kommen Kreationen auf den Teller, wie man sie im Umkreis von mehreren Hundert Kilometern vergeblich sucht. Der Oryxantilope stellt er Apfel-Cherry-Chutney und Schokoladensauce zur Seite, zum Kingklip werden marinierte Artischocken und Champagner-Austern-Creme serviert. Die Weinkarte von Sommelier Virgile Meiller ist exklusiv, und die Desserts sind schlicht traumhaft. *Sa–Mo mittags geschl. | Ecke Theo-Ben Gurirab Street/10th Road | Tel. 064 22 12 20 | €€*

### THE RAFT

Das komplett aus Holz gebaute Restaurant steht auf Stelzen in der Lagune und ist nur über einen Steg mit dem Land verbunden. Große Fenster sorgen für einen romantischen Rundumblick, ausgefallene namibische Fisch- und Wildkreationen mit teils asiatischer Note bieten reichlich Abwechslung. Die frittierten Krabbenscheren sind ein Genuss! *So geschl. | Esplanade | Tel. 064 20 48 77 | theraft@ iway.na | €€*

## FREIZEIT & SPORT

### GOLF

Bei aller landschaftlichen Schönheit: Für sattes Grün ist Namibia nicht gerade bekannt. Das schlägt sich auch auf den wenigen Golfplätzen des Landes nieder. Doch die namibischen Golfer sind erfindungsreich: Die Sandbunker sind in der Regel einfach wesentlich größer angelegt als die Rasenflächen, oft findet sich jeweils nur eine kleine, grüne Insel an Abschlag und Loch. Das ist unterm Strich nicht nur umweltfreundlicher, sondern macht das Golfen in Namibia auch zu einem außergewöhnlichen Erlebnis. Wenn Sie Ihre Ausrüstung nicht mitschleppen wollen, können Sie sich im *Walvis Bay Golf Club (Union Street, hinter dem Tourism Centre | Tel. 064 17 60 34 | wbgolfclub@iway.na | 70 N$ für 9-Loch-Kurs, 120 N$ für 18-Loch-Kurs, Golfkart 80 N$/150 N$, Leihgebühr für Ausrüstung 50 N$)* alles Nötige ausleihen.

## ÜBERNACHTEN

### DUNE SIDE B & B
Sie wohnen in einem der vier einfachen, aber hübschen Zimmer. Eine Gemeinschaftsküche für Selbstversorger steht bereit. *2 6th Road East | Tel. 064 22 12 76 | dunesidebnb@iway.na | €*

### LAGOON LODGE ☼
Die Geschichte zum Namen des wunderschönen Gasthauses mit seinen individuell gestalteten Zimmern ist kurios: Weil ein neues Gesetz innerstädtischen Betrieben verbietet, sich Lodge zu nennen, hat das französische Gastgeberpaar schlicht das D des Worts abmontiert. Theater wird deswegen zwar nicht gespielt, doch der Blick auf die Lagune hat in der Tat Logenqualität, und auch das Frühstück ist große Kunst. *8 Zi. | 88 Kovambo Nujoma Drive | Tel. 064 20 08 50 | www.lagoonloge.com.na | €€*

### OYSTER BOX GUESTHOUSE
Modernes, stilvoll in Grau und Rot gehaltenes Gasthaus. Von der ☼ Holzplattform im ersten Stock haben Sie einen traumhaften Blick auf Esplanade und Lagune, wo von August bis Februar oft Tausende Flamingos einfliegen. *12 Zi. | 16 Esplanade | Tel. 064 20 22 47 | www.oysterboxguesthouse.com | €€*

## AUSKUNFT

### WALVIS BAY TOURISM CENTRE
Das private Informationsbüro ist eine Initiative einiger Touranbieter, die dort natürlich in erster Linie ihre eigenen Angebote – Ausflüge in die Wüste und auf die Lagune – vermarkten. *Ecke 5th Road/Union Street | Tel. 064 20 06 06 | www.photoventures-namibia.com*

## ZIELE IN DER UMGEBUNG

### DÜNE SIEBEN ⭐ ● ☼
**(134 B3)** *(ﾉ D8)*
Mit rund 130 m ist die Düne 10 km nordöstlich die höchste im Küstengürtel zwischen Walvis Bay und Swakopmund. Der Weg nach oben ist mühsam, runter können Sie rennen – und wenn Sie einen noch größeren Adrenalinrausch suchen, fahren Sie mit dem Sandboard *(siehe S. 107)*. Besonders bei Sonnenaufgang und -untergang ist der Ausblick gigantisch. Wenn Sie Ruhe und Einsamkeit suchen, erklimmen Sie aber besser eine beliebige andere Düne, zumal der Besucheransturm hier leider zu einem handfesten Müllproblem geführt hat.

### PELICAN POINT **(134 B3)** *(ﾉ D8)*
Bei Redaktionsschluss war die Straße von der Flut arg in Mitleidenschaft gezogen, weswegen nur registrierte Tourguides mit ihren Gästen nach Pelican Point (40 km westlich von Walvis Bay) mit seiner Robbenkolonie und dem Leuchtturm fahren durften. Am besten nähern Sie sich aber ohnehin auf dem Seeweg, weil Sie so am dichtesten an die Robben herankommen, ohne sie in Stress zu versetzen. *Catamaran Charters* bietet Halbta-

gesausflüge auf Katamaranen (8.30 Uhr ab Waterfront, Tag nach Absprache | Tel. 064 20 07 98 | www.namibiancharters. com | 450 N$) an. Mit etwas Glück sehen Sie unterwegs auch Mondfische, Lederrückenschildkröten, Delphine und Wale. Eine Meeresfrüchteplatte mit Austern ist inklusive, Sie müssen sie aber bisweilen gegen die Robben verteidigen.

Ein besonders naturnahes Erlebnis ist eine 😊 INSIDER TIPP ▶ Kajakfahrt zu den Robben (Eco Marine Kayak Tours | Tel. 081 129 31 44 | www.namibweb.com/kayak. htm). In einer geführten Kleingruppe gleiten die stabilen Doppelkajaks sachte durch das ruhige Wasser der Lagune – so friedlich, dass die Robben am Pelican Point zum Spielen bis ans Boot kommen. Für die Tour werden Sie vom Veranstalter abgeholt oder vereinbaren bei der telefonischen Buchung einen Treffpunkt.

## SANDWICH HARBOUR
(134 B4) (∅ D8)

Vorbei am Kuisebdelta geht es über den wegen seines hohen Granatanteils stellenweise violett gefärbten Strand 50 km nach Süden zu zwei Lagunen. Anichab, „Ort der vielen Vögel", nennen die Nama diesen geheimnisvollen Fleck. Von der Süßwasserlagune ist zwar nur noch ein kleiner Tümpel übrig, die Salzwasserlagune, im 19. Jh. eine tiefe Bucht mit Walfängerhafen, ist allerdings noch immer ein Vogelparadies und deshalb streng geschützt.

Die Route ist nur mit einem Allradfahrzeug befahrbar und selbst dann für Ortsunkundige äußerst trickreich. Tiefe, schlammige Salzpfannen sind gefährliche Autofallen, und wenn Sie an der schmalen Kante zwischen Dünen und Meer im Sand stecken bleiben, dürfen Sie sich spätestens mit auflaufender Flut von Ihrem Wagen verabschieden. Die sichere Alternative ist eine geführte Tour, z. B. mit INSIDER TIPP ▶ Turnstone Adventures (Tel. 064 40 31 23 | www. turnstone-tours.com | 1150 N$). Unterwegs werden die brummenden Dünen und kulinarischen Schätze der Wüste gleich mit erklärt.

Die Artenvielfalt ist größer, als es der Name des Orts vermuten lässt: Flamingos am Pelican Point

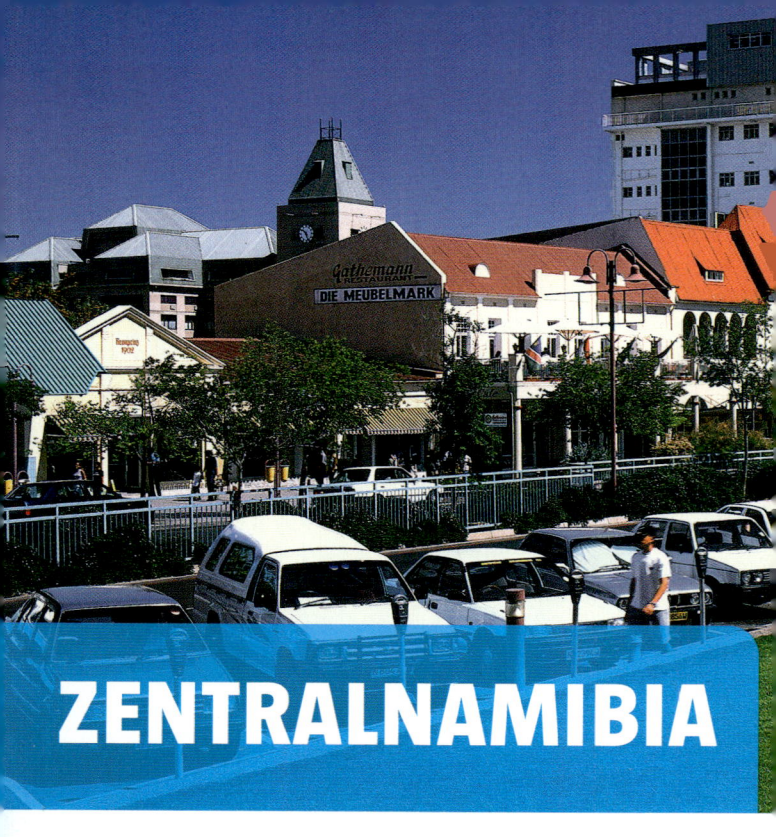

# ZENTRALNAMIBIA

**Im Osten die weite, flache Kalahari, im Westen die Bergwelt des Hochlands und dazwischen die einzige Siedlung in Namibia, die ein wenig Großstadtflair versprüht: Windhoek.**

Hier trifft sich die Kunstszene des Landes, hier schlägt in einer Mischung aus kolonialer Protzarchitektur und modernem Metropolenleben das Herz des neuen, freien Namibias. Fast scheint es, als hätten die Dörfer ringsum dafür bezahlen müssen und seien zu ewigem Provinzdasein verdammt. Die Wahrheit ist allerdings eine andere: Namibia ist ein Agrarland, das wegen der Trockenheit viel Fläche für Schafe und Rinder benötigt. Das war schon vor Ankunft der deutschen Kolonialisten so, als die Herero und Nama die Gegend besiedelten. Die unscheinbaren Grabstätten ihrer wichtigsten Oberhäupter finden sich noch in der Kleinstadt Okahandja vor den Toren Windhoeks.

Heute führen ebene Schotterstraßen über Hunderte Kilometer entlang an ewig gleichen Farmzäunen, und nur hin und wieder unterbricht eine Gruppe Perlhühner oder Warzenschweine die Einöde. Auch Geparden leben in der Steppe, sie sind aber höchst selten zu sehen. Es gibt zwar einige Wildparks in der schier endlosen Fläche. Doch der größte Schatz Zentralnamibias ist die Ruhe auf seinen riesigen Farmen, die ein schwer greifbares Gefühl von Freiheit vermittelt. Während der eine diese stille Weite langweilig findet, wird sie der andere für immer lieben. Und das ist auch gut so, sonst wäre die Region längst nicht mehr so einsam.

Bild: Independence Avenue in Windhoek

Endlose Farmen, schroffe Gebirge und ein kleiner Moloch – in der Weite verstecken sich Überbleibsel einer wechselhaften Geschichte

# HELMERING-HAUSEN

(138 A2) (*G11*) **Der große Punkt auf der Landkarte täuscht: Helmeringhausen ist nicht einmal ein Dorf, sondern eine private Farm – allerdings mit einer eigenen Tankstelle, einer Post und einem Supermarkt.**

Der Ort war einst Zentrum der Karakulzucht. Ein *Freiluftmuseum (Schlüssel zum*

*Tor und Infoblatt im Hotel | Eintritt frei)* erinnert an die harten Anfänge der Landwirtschaft in dieser kargen Region. Viel zu sehen gibt es sonst nicht, Helmeringhausen ist traditionell eher Raststation für Reisende. Das erste Gasthaus gab es bereits 1934, zwei Zimmer des heutigen *Helmeringhausen Hotel (Tel. 063 28 33 07 | helmering@iway.na | €)* befinden sich im restaurierten Lagerraum des Gebäudes. Das Hotel ist schick und modern, und selbst wer nur durchfährt, sollte einen Zwischenstopp im schön an-

*Keine Fata Morgana, sondern eine handfeste Erinnerung an die Kolonialzeit: Duwisib Castle*

gelegten Garten des Restaurants einlegen und ein Stück vom frisch gebackenen Kuchen probieren.

## ZIELE IN DER UMGEBUNG

**DUWISIB CASTLE** ⭐ (138 A1) *(ØJ F10)*
Wie eine mittelalterliche Burg steht das Schloss mit seinen dicken Mauern in der bergigen Wüste 100 km nördlich von Helmeringhausen. Keine Frage, der deutsche Schutztruppenoffizier Hansheinrich von Wolf wollte sich mit dem Bau nicht nur Sicherheit vor Eindringlingen verschaffen, sondern auch ein Denkmal setzen. Letzteres ist ihm gelungen, Schutz bot ihm das 1909 fertiggestellte Schloss allerdings nur bis 1914. Dann meldete sich Wolf freiwillig zur Armee und fiel zwei Jahre später.

Sehenswert ist das heute in Staatsbesitz befindliche Bauwerk auch wegen der Originaleinrichtung. Zur Übernachtung beim Schloss steht lediglich ein Campingplatz *(10 Stellplätze)* bereit; auf der angrenzenden *Farm Duwisib (Tel. 063 29 33 44 | duwisib@iway.na | €–€€)* gibt es allerdings sieben geräumige Zimmer. *Tgl. 8–17 Uhr | Eintritt 60 N$*

## NAMTIB BIOSPHERE RESERVE 🍃
(137 E–F2) *(ØJ F11)*
Die Gästefarm 110 km südwestlich von Helmeringhausen wird ökologisch bewirtschaftet. Die Betreiber achten darauf, den Lebensraum der dort lebenden Oryxantilopen, Springböcke und Paviane zu erhalten. Sie bekommen die Tiere, im Gegensatz zu den ebenfalls heimischen, aber scheuen Geparden und Leoparden,

bei Wanderungen häufig zu Gesicht. Farmer Thorsten Theile erklärt bei einer Rundfahrt *(200 N$)* Fauna, Flora und landwirtschaftliche Nutzung des trockenen Gebiets am Rand der Namib. Für die Übernachtung stehen fünf Zeltstellplätze und acht praktisch eingerichtete Bungalows im Farmstil *(€€)* zur Verfügung. *An der D707 | Tel. 063 68 30 55 | www. namtib.net*

INSIDER TIPP **NATURPARK TIRASBERGE** ⏱ *(137 F2) (𝄞 F11)*

Auf 125 km² haben sich gut 40 km südwestlich von Helmeringhausen mehrere Farmen zusammengeschlossen, um das Gebiet zwischen dem steilen Rooirand und den Dünen der Namib nachhaltig zu bewirtschaften und gleichzeitig die Natur für Besucher zugänglich zu machen. Auf geführten Wanderungen erfahren Sie die Überlebensgeheimnisse von Pflanzen und Tieren und genießen gleichzeitig die Schönheit wundersamer Felsformationen. Besonders interessant ist eine Tour mit Anita Koch von der Farm *Tiras (Tel. 061 24 38 27 | kidogo@iway. na | Tour 175 N$).*

Auf der Farm gibt es auch ein schönes Gästehaus für Selbstversorger *(2 Zi. | €)*. Als Alternative thront etwas abgelegen eine kleine 🌼 Hütte am Berg, die zwar sehr einfach, aber supergünstig ist. Wenn Sie Ihr Bettzeug mitbringen, zahlen Sie kaum mehr als für einen Zeltplatz. Den wunderschönen Blick über die Tirasberge gibt es gratis dazu. Ebenfalls lohnend ist ein Ausflug auf die Farm *Gunsbewys (gleicher Kontakt wie Tiras)*, wo sich das Informationszentrum des Parks und eine Ausstellung zu Flora und Fauna der Region befinden. Hier werden auch Dünentouren angeboten.

# OKAHANDJA

*(135 E2) (𝄞 G6–7)* **Für viele ist die Stadt nur eine Durchgangsstation, an der allenfalls die Holzschnitzermärkte zu**

---

⭐ **Duwisib Castle**
Das wunderschöne Schloss am Rand der Wüste ist eine monumentale Erinnerung an die kolonialen Fantasien der Deutschen → S. 70

⭐ **Holzschnitzermärkte**
In Okahandja gibts schöne, handgearbeitete Stücke so weit das Auge und die Geldbörse reichen. Und das gleich in doppelter Ausführung → S. 72

⭐ **Dinosaur's Tracks**
Wie im Jurassic Park wimmelte es in der Savanne einst von Sauriern, die Fußstapfen der Urzeitriesen sind bis heute geblieben → S. 75

⭐ **Waterberg**
Ein gigantischer Block erhebt sich aus der Kalahari und belebt seine Hänge mit frischem Quellwasser → S. 75

⭐ **Hardap Dam**
Per Kanu gehts auf dem Stausee von Insel zu Insel → S. 78

⭐ **Leo's at the Castle**
Hoch oben über Windhoek wird auch gehobene Küche serviert → S. 84

⭐ **Old Breweries Craft Market**
Hier erwartet Sie die geballte Kreativität der lokalen Kunsthandwerkszene zum Stöbern, Verlieben und Mitnehmen → S. 85

**MARCO POLO HIGHLIGHTS**

**einem Stopp verleiten. Doch Okahandja (26 000 Ew.) birgt einige historische Schätze.**

Wichtige Hererohäuptlinge wie Samuel Maharero, der während des deutschen

ungepflegt und verlassen. Wesentlich lebendiger wird Okahandja alljährlich am letzten oder vorletzten Sonntag im August, wenn die Herero mit einem Festumzug ihrer Ahnen gedenken.

Fürs Reisegepäck leider etwas zu groß: Arbeiten auf den Holzschnitzermärkten in Okahandja

Völkermords nach Botsuana fliehen musste, liegen in der Stadt begraben. Auch Hosea Kutako, ein einflussreicher Anführer gegen das Apartheidregime, wurde hier beerdigt – übrigens als Zeichen der Versöhnung neben Namaführer Jonker Afrikaner, mit dessen Truppen die Herero in blutige Kämpfe verwickelt waren. Obwohl die ersten Herero erst um 1800 auf der Suche nach Weidegründen für ihr Vieh in die Gegend des heutigen Okahandjas kamen, machten sie den Ort in der Folge zu ihrem administrativen Zentrum. Die Gräber *(neben der ev.-luth. Friedenskirche in der Heroes' Street und am Ende eines 300 m langen Sandwegs, von der Heroes' Street ausgeschildert)* können Sie besichtigen, sie wirken aber

Die heißen Quellen von *Gross Barmen (25 km südwestl.)*, mit ihrem Thermalbad einst das beliebteste Spa Namibias, waren bei Redaktionsschluss wegen Renovierungsarbeiten geschlossen.

## SEHENSWERTES

### HOLZSCHNITZERMÄRKTE

Die beiden riesigen Kunsthandwerksmärkte am nördlichen und südlichen Ortseingang sind die Hauptattraktion der Stadt. Jedes erdenkliche Tier, jede Schalenform in jedem Holz gibt es hier – manches ist kitschig, vieles bildhübsch gearbeitet. Der nördliche Markt, 2010 komplett niedergebrannt und inzwischen wieder aufgebaut, wirkt sortierter und ruhiger als sein Pendant. Auf dem südlichen Markt fangen überengagierte Händler in geschäftiger Atmosphäre die frisch ankommenden Touristen aus Windhoek ab. Handeln gehört hier dazu, es sollte aber fair bleiben. *Tgl. 7–17 Uhr | nördl. Markt Voortrekker Street, südl. Markt Martin Neib Avenue*

## ESSEN & TRINKEN ÜBERNACHTEN

### AUBERGE OMULONGA

In dem Bed and Breakfast wohnen Sie in einfachen, großen Zimmern, die dezent mit afrikanischem Dekor eingerichtet sind. Das **INSIDER TIPP** Restaurant *(tgl. | €€)* ist auch zu empfehlen, wenn Sie hier nicht übernachten: Serviert werden frische französisch-namibische Gerichte. Abendessen (Dreigängemenü) sollten Sie bis 16 Uhr buchen. *4 Zi. | 458 Dr Vedder Street | Tel. 062 500340 | www.omulonga.iway.na | €*

## AUSKUNFT

### MUNICIPAL OFFICE

Eine Touristeninformation gab es bei Redaktionsschluss noch nicht in Okahandja, sie war aber geplant. Bis zu ihrer Eröffnung gibt das Municipal Office Auskunft. *Ecke Martin Neib Avenue/Axali Doëseb Street | Tel. 062 505121 | mshega@okahandja.org.na*

## ZIEL IN DER UMGEBUNG

### VON BACH DAM *(135 E2) (☊ G7)*

Die schön gelegene Talsperre 5 km südöstlich von Okahandja hat ein Fassungsvermögen von fast 50 Mio. m³ und liefert den Großteil des Wassers für Windhoek. Die Anlage ist von einem 80 km² großen Naturreservat *(40 N$, 10 N$ fürs Auto)* umgeben. Vom luxuriösen *Tungeni Sere-*

*nity Experience Dam Resort (22 Chalets | Tel. 081 3550859 | www.vonbachdam.com | €€€)* legt ein Boot zu Fahrten auf den See ab *(45 Min. | 200 N$).* Außerdem können Sie hier Schwarzbarsche angeln.

# OTJIWA-RONGO

*(130 A5) (☊ F5)* **Mit ihrem großen Supermarkt, Fleischereien und etlichen Tankstellen ist die ruhige Provinzhauptstadt (33000 Ew.) der ideale Zwischenstopp auf dem Weg von Windhoek in den Etosha National Park.**

Otjiwarongo gilt aber auch als Gepardenhauptstadt der Welt. In der weiten, flachen Kalahari leben die Raubkatzen noch wild, zu sehen sind sie aber selten. Am Bahnhof der Stadt, den nur noch Güterzüge anfahren, werden sich Eisenbahnfans freuen: Hier steht als stille Erinnerung an Otjiwarongos Anfänge als Eisenbahnstation eine *Schmalspurlok (Dr. Libertina Amathila Avenue)* aus dem Jahr 1912, die Sie sogar besteigen können.

## SEHENSWERTES

### CROC RANCH

Kein Zoo, sondern eher eine Brut- und Mastanlage für Krokodile, die Sie auch besichtigen können. Die 38 Nilkrokodilweibchen legen pro Jahr und Tier 40 bis 50 Eier. Nach drei Jahren werden die Jungen geschlachtet. Ihre Haut wird zu Leder verarbeitet, das Fleisch, das nach einer Mischung aus Huhn und Fisch schmeckt, gegessen. Entsprechend prominent sind Krokodilgerichte auf der Speisekarte des hauseigenen Restaurants *(abends geschl. | €€)* vertreten. Im Souvenirladen gibt es Krokodillederprodukte. Weil diese noch immer stark nachgefragt sind, mindert die Anlage den Wilderei- und Jagddruck auf wild lebende Krokodile. *Mo–Fr 8–17, Sa/So 9–15 Uhr | Fütterung Sa 11 Uhr | Henk Willems Street | Tel. 067 30 21 21 | Eintritt 45 N$*

## ÜBERNACHTEN

### INSIDER TIPP ▶ BUSH PILLOW GUEST HOUSE

Dank geräumiger Zimmer mit kostenlosem WLAN, eines kleinen Pools und eines grünen, schattigen Innenhofs ist das kleine Gasthaus ideal für einen geruhsamen Zwischenstopp. *7 Zi. | Ecke Hoog Street/Sonn Road | Tel. 067 30 38 85 | www.bushpillow.hypermart.net | €*

### FRANS INDONGO LODGE

Die stilvolle Lodge des landesweit bekannten Geschäftsmanns Frans Indongo – einer der wenigen Schwarzen unter den Lodgebesitzern – ist umgeben von einer 23 km² großen Farm. In der Savanne grasen Weißschwanzgnus und Schwarze Springböcke, auch Nashörner, Leoparden und Geparden sind auf den Safaritouren bisweilen zu sehen. Der Wassertank ist zum ☼ Aussichtsturm ausgebaut, der überwältigende Blick über die Kalahari reicht bis zum Waterberg. *14 Zi. | an der D2433, 43 km nordöstl. von Otjiwarongo | Tel. 067 30 79 46 | www.indongolodge.com | €€*

### INSIDER TIPP ▶ WEAVER'S ROCK GUEST FARM

Weaver's Rock ist eine schön angelegte Gästefarm mit Herz. Von den hellen Zimmern am Berg fällt der weite Blick auf eine Ebene, wo sich Zebras und Antilopen vor hin und wieder auftauchenden Geparden und Leoparden in Acht nehmen müssen. Im Sommer stürzen tausend kleine Wasserfälle über einen Felsen in den Farmteich, der dann zum natürlichen Schwimmbecken wird. Mit einem kleinen Spielplatz, Welsangeln und Ponys für einen Ritt über das Gelände ist die Farm eine der kinderfreundlichsten Unterkünfte des Landes. *4 Zi., 2 Chalets, 11 Zeltstellplätze | an der C22, 30 km südöstl. von Otjiwarongo | Tel. 067 30 48 85 | www.weaversrock.com | €*

## AUSKUNFT

**OMAUE NAMIBIA GEMSTONE SHOP**
*5 St. Georges Street | Tel. 067 30 38 30*

## ZIELE IN DER UMGEBUNG

### CHEETAH CONSERVATION FUND ♻
(130 B5) *(ﾉ G5)*

Seit 1990 versucht der Cheetah Conservation Fund, den Gepard vor dem Aussterben zu retten. 3000 der Hochgeschwindigkeitsjäger – und damit knapp ein Drittel des weltweiten Bestands – leben noch frei in Namibia. Weil sie von Farmern als Gefahr angesehen und gejagt werden, sind die Großkatzen jedoch auch hier bedroht. In dem Forschungszentrum, das auf einer Fläche von 680 km² verwaiste und Problemgeparden pflegt, ergründen Wissenschaftler das Verhalten der Tiere und wildern sie, wenn möglich, wieder aus. Eine Modellfarm zeigt, wie Geparde und Nutztiere nebeneinander leben können.

Trotz des vorrangig wissenschaftlichen Anspruchs ist der Cheetah Conservation Fund in seinem Hauptquartier (43 km östlich von Otjiwarongo an der D2440) auf Touristen eingestellt – mit einem interaktiven Bildungszentrum, Schaufütterungen *(Mo–Fr 14, Sa/So 12 Uhr | Eintritt 130 N$)*, Safarifahrten *(je nach Länge und Dauer 400–700 N$)* und einem eigenen Luxusgasthaus *(3 Zi | Tel. 061 23 72 94 | www.cheetah.org | €€€)*.

### DINOSAUR'S TRACKS ★
**(130 A6)** *(🛇 F5)*

Ein Hauch von Jurassic Park umweht die ruhige Farm Otjihaenamaparero, die 100 km südwestlich von Otjiwarongo liegt. Die Abdrücke im 190 Mio. Jahre alten Sandstein belegen deutlich: Hier liefen einmal Dinosaurier umher. Zwei lange, gut zu erkennende Fährten von etwa 4 m großen Ceratosauriern kreuzen sich auf einer Sandsteinplatte. Ein Stück weiter talabwärts ist sogar ein ganzes Gewimmel von Spuren kleinerer Saurier zu sehen. Die Fundstellen liegen relativ nah beim Farmhaus und sind von dort gut in zehn Minuten zu Fuß zu erreichen. Übernachtungsgäste schlafen auf dem Campingplatz *(5 Stellplätze)* oder in dem kleinen Gästehaus *(3 Zi. | €). Mo–Fr 8–13, 14–17 Uhr | an der D2467 | Tel. 067 29 01 53 | www.dinosaurstracks.com | Eintritt inkl. Führung 20 N$*

### WATERBERG ★ 🌿 (130 B5) *(🛇 G5)*

Wie ein Tisch erhebt sich das Waterbergplateau mehr als 200 m hoch über die flache Savanne der Kalahari 100 km östlich von Otjiwarongo. An seinem Fuß sprudeln Quellen und sorgen für grüne Hänge. Hochebene und Umland sind als Nationalpark geschützt. Die Verwaltung bietet Safaritouren an, Fahrten im eigenen Wagen sind nicht gestattet. Tagesgäste können jedoch den steilen Weg durch den Urwald zum Plateau hinaufkraxeln, stets beobachtet von Klippschliefern, während in den Bäumen Paviane wilde Feigen fressen. Die ursprüngliche Natur und der weite Ausblick von oben rechtfertigen die anstrengende, aber nicht sehr schwierige Wanderung von rund anderthalb Stunden allemal. Wer Zeit hat, tiefer in den Park einzudringen, sollte eine viertägige, **INSIDER TIPP** geführte Wanderung über das Plateau

Die Landschaft auf dem Waterberrg und im Umland sollten Sie sich in Ruhe erwandern

*(Tel. 067 30 50 01 | reservations@nwr.com.na | 220 N$ pro Nacht)* buchen. Hier gibt es in der Einsamkeit der Natur beste Möglichkeiten, Breitmaulnashörner und seltene Kapgeier zu beobachten. Für die Übernachtung stehen rustikale Hütten fernab jeglicher Zivilisation zur Verfügung.

So idyllisch wie heute war der Waterberg nicht immer: Auf einem kleinen Soldatenfriedhof nahe dem Parkcamp liegen Angehörige der deutschen Schutztruppe, gen Straßen ist das Zentrum der Baster in Namibia.

Gegründet wurde Rehoboth 1870, nachdem 300 Basterfarmer, Mischlinge aus dem südafrikanischen Nordkap, weiter nach Norden gezogen waren. Hier kauften sie nach eigener Darstellung den Nama für 100 Pferde und fünf Ochsenwagen ein Stück Land ab, auf dem sie erstmals Vieh besitzen und ein eigenes politisches Oberhaupt, ihren Kaptein, wählen durften. Nachfahren der Nama

Rehoboth – die Geschichte des kleinen Orts begann nicht in Zentralnamibia, sondern in Südafrika

die hier am Völkermord an den Herero beteiligt waren. Den Hererokämpfern ist lediglich eine kleine Plakette an der Friedhofsmauer gewidmet, die zivilen Opfer bleiben gänzlich unerwähnt. *Einlass tgl. 5.30–19 Uhr | Parkeintritt 80 N$, 10 N$ fürs Auto*

# REHOBOTH

**(135 E4)** *(ㄖ G8)* **Die kleine Stadt (22 000 Ew.) mit ihren bunt angestrichenen Häuschen, aber staubig-löchri-** widersprechen dieser Sichtweise vom Erwerb des Landes allerdings und erheben Ansprüche darauf. Das Gebiet sei nur gepachtet gewesen. Dass die Baster nachgeben, ist unwahrscheinlich: Selbst unter der südafrikanischen Apartheidherrschaft erhielten sie sich eine gewisse Unabhängigkeit, und bis heute wird neben den staatlichen Autoritäten mit einer zweiten Stimme der Kaptein gewählt.

Das wichtigste Denkmal von Rehoboth steht im Hof hinter dem Haus, in dem die Touristeninformation untergebracht ist: der *Kaptein se Boom*, unter dem um

1870 die ersten Dorfversammlungen stattfanden.

## SEHENSWERTES

### REHOBOTH MUSEUM

Etwas unscheinbar neben der neuen Post im alten Haus des Postmeisters gelegen, gibt das Museum einen Überblick über die ethnischen Gruppen Namibias. Der Fokus liegt dabei auf der Geschichte der Baster. Die Leiterin ist äußerst auskunftsfreudig und so etwas wie eine zweite Touristeninformation. *Mo–Fr 8–13 und 14–17 Uhr | 136 Block B | Eintritt 25 N$*

### INSIDER TIPP ▶ SCHOOL OF ARTS ●

Die winzige Kunstschule ist im 1872 erbauten Haus des ersten Kapteins untergebracht. Der Leiter und einzige Lehrer, Andrew van Wyk, war einst an der Gründung des John Muafangejo Arts Centre in Windhoek beteiligt, ehe er sich nach Rehoboth zurückzog und 1996 das Schulprojekt gründete. Seine sechs Schüler lernen neben Malerei vor allem Pappschablonendrucke, Radierungen und Bleistiftzeichnungen. Interessierte Gäste sind willkommen. Sie können die Schüler im Unterricht besuchen *(Mo, Mi, Do 14–17 Uhr)* oder im kleinen Galerieraum die fertigen, teilweise beeindruckenden Werke besichtigen, die auch zum Verkauf stehen. *Mo–Fr 8–17 Uhr, Sa nach Absprache | Machiel Diergaardt Straat | Tel. 081 3 66 69 69 | Eintritt frei*

## ESSEN & TRINKEN

### BERGLAND BILTONG & CAFÉ

Das einfache Take-away-Restaurant besitzt einen rustikalen Grill und verkauft hervorragendes *biltong* (Trockenfleisch). *Mo–Do abends und Sa abends sowie So geschl. | Church Street | €*

## AUSKUNFT

### TOURIST INFORMATION

*Church Street | Tel. 062 52 57 85*

## ZIEL IN DER UMGEBUNG

### OANOB DAM (135 E4) (⌘ G8)

Die mit 55 m höchste Staumauer Namibias sorgt für einen 7 km langen See (7 km nordwestlich von Rehoboth an der D1237), der sich wie eine riesige Schlange durch die bergige Landschaft windet. Das Naturreservat, das 1994 um den Stausee eingerichtet wurde, ist Vogelparadies und Wassersportmekka zugleich. Von Angeln bis Wasserski reicht das Freizeitangebot für Besucher. Am besten erkunden Sie den See jedoch vom Kanu aus. Für Landratten gibt es Wanderwege und Leihfahrräder. Sie haben außerdem die Chance, Antilopen, Giraffen und Zebras zu sehen.

Die Unterkünfte sind die beste Option für Rehoboth: Zur Wahl stehen geräumige Zimmer in reetgedeckten Massivhäusern am Stausee, Chalets für Selbstversorger sowie ein schöner Campingplatz, dessen beste Plätze eigene überdachte Holzplattformen am See haben *(7 Zi., 13 Chalets, 31 Zeltstellplätze | Tel. 062 52 23 70 | www.oanob.com.na | €€)*.

# STAMPRIET

**(136 A5) (⌘ H9) Das verschlafene Dorf (1000 Ew.) inmitten der gewellten Kalaharidünen hält eine Überraschung bereit: Hier wird erfolgreich Landwirtschaft betrieben.**

Selbst Salat, Gemüse und Weintrauben wachsen in der Trockenheit. Möglich wird das durch den größtenteils unterirdisch verlaufenden Fluss Auob und ein großes Grundwasserreservoir. Mitten in der Halbwüste wird sogar Mineralwasser für Lodges in ganz Namibia abgefüllt. Im **INSIDER TIPP** ▶ *Gondwana Self-Sufficiency Centre* dürfen Besucher die Gemüsebeete sowie die hauseigene Molkerei und

Eine Sanfrau mit ihrem Kind

Schlachterei besichtigen *(nach Absprache | Tel. 061 23 00 66 | Eintritt frei).* Die Produkte der Anlage können Sie gleich vor Ort probieren: Die mit viel Stolz lokal erzeugten Lebensmittel landen im angeschlossenen Restaurant des *Kalahari Farmhouse (tgl. | €€)* auf dem Teller.

## ÜBERNACHTEN

### KALAHARI ANIB LODGE ●
Zu der schönen, relativ großen Anlage gehört ein eigenes Naturreservat inmitten der roten Kalaharidünen, in dem große Herden von Zebras, Springböcken, Gemsböcken und anderen Antilopen leben. *53 Zi., 3 Zeltstellplätze | 30 km westl. an der C20 | Tel. 061 23 00 66 | www. gondwana-collection.com | €€*

### KALAHARI FARMHOUSE
In idyllischer Lage am Ortsrand stehen elf weiß getünchte Spitzdachchalets im kapholländischen Stil. Sie unterstreichen auf elegante Weise die angenehme Bauernhofatmosphäre. *11 Zi., 8 Zeltstellplätze | Tel. 061 23 00 66 | www.gondwana-collection.com | €€*

## ZIELE IN DER UMGEBUNG

### HARDAP DAM ⭐ (135 F5) (𝄢 H9)
Namibias mit 25 km² größter Stausee (55 km westlich von Stampriet) ist von einem zehnmal größeren Naturreservat umgeben. In der grünen Hügellandschaft leben neben verschiedenen Antilopenarten und Bergzebras Breitmaul- und Spitzmaulnashörner, die sich auch häufig zeigen. Im Wasser gibt es Gelbe Klippdorsche und Kurper, denen Kormorane und Pelikane nachstellen – ein Paradies gleichermaßen für Angler und Vogelfreunde. Am besten lässt sich der See mit seinen vielen kleinen Inseln per Kanu erkunden. Die Boote verleiht die Rezeption. Einlass ist von Sonnenaufgang bis Sonnenun-

tergang. Die Unterkünfte befanden sich bei Redaktionsschluss noch im Umbau, Übernachtungen waren deshalb nicht möglich. *Eintritt 30 N$, 10 N$ fürs Auto | Leihgebühr für Kanus 100 N$ pro Tag* Unterhalb der Staumauer, wo der Fish River weiterfließt, werden im ● *Freshwater Fish Institute* Tilapias gezüchtet. Wenn Sie an der Rezeption nett nachfragen, bekommen Sie eine kostenlose Tour durch die Anlage.

### INTU AFRIKA KALAHARI GAME RESERVE (136 A5) (*m* H9)

Lautlos zischt der Pfeil durch die Luft und schlägt kurz darauf mit einem leisen Klack ein. „Opfer" ist in diesem Fall lediglich ein Baum, denn jagen dürfen die San in dem Privatreservat (80 km nordwestlich von Stampriet) auf dem Land ihrer Vorväter nicht mehr. Auf dem einstündigen *Bushman-Walk (Zeiten nach Absprache | auch für Tagesbesucher | 295 N$)* gibt eine Gruppe von Sanmännern einen Einblick in Kultur und Geschichte ihres Volks. Die Tour ist das Highlight des Reservats, daneben werden Safarifahrten angeboten, Großwild kommt jedoch nicht vor. Wer sich über die Kuriositäten wie Wassergewinnung aus Spechthöhlen und Zahnbürsten aus Baumrinde hinaus mit der nachhaltigen Lebensweise der Buschleute auseinandersetzt, kann auch persönlich viel gewinnen.

Zur Übernachtung stehen im Reservat drei Lodges zur Verfügung: die im Verhältnis zum Preis relativ einfach eingerichtete *Zebra Lodge (13 Zi.),* die rustikale *Camelthorn Lodge (11 massive Chalets)* und die *Suricate Tented Lodge (12 feste Luxuszelte | Tel. 061 37 53 00 | www. leadinglodges.com | alle €€€).*

# WINDHOEK

**KARTE IM HINTEREN UMSCHLAG**
**(135 E3) (*m* G7) Von den umliegenden Bergen betrachtet, wirkt die Stadt wie ein unwirklich riesiger Moloch inmitten der weitläufigen Einsamkeit Namibias. In den Straßen von Windhoek hat das Leben jedoch eher kleinstädtischen Charakter.**

So schön kann Einsamkeit sein: Sandstraße im Intu Afrika Kalahari Game Reserve

**Christuskirche:** Wenn Sie mit dem Auto unterwegs sind, können Sie hier gut und sicher parken. Dank der Hanglage haben Sie einen guten Überblick über das Stadtzentrum, zudem sind die meisten Sehenswürdigkeiten leicht zu Fuß zu erreichen. Direkt nebenan befindet sich der Tintenpalast und 100 m südlich die Alte Feste. 200 m bergab gelangen Sie durch die Fidel Castro Street direkt in die Independence Avenue, Windhoeks bedeutendste Einkaufsstraße mit ihren Souvenirgeschäften und altdeutschen Cafés.

Die Hauptstadt Namibias (350 000 Ew.) wirkt nur hektisch, wenn Sie den Urlaub zuvor in den Weiten der Kalahari und der Namib verbracht haben. Das Zentrum ist recht übersichtlich.

In der Innenstadt sind die Spuren der deutschen Kolonialzeit noch deutlich sichtbar. In den umliegenden Wohnvierteln spiegelt sich dagegen unverkennbar die Apartheidzeit unter südafrikanischer Herrschaft wider. Auffälligste Hinterlassenschaft der Rassentrennung ist das noch immer wachsende Township *Katutura*, das Armenviertel und hoffnungsvoller Ort unzähliger fortschrittlicher Initiativen und Projekte zugleich ist. Zwischen diesen Welten versucht die junge Post-Apartheid-Generation, aus der skurrilen Mischung von Schwarzwälder Kirschtorte und Mopaneraupen eine Identität aufzubauen – das lässt sich auch in den wenigen Kunstgalerien gut nachvollziehen. Abends hat die Stadt außer einer Reihe guter Restaurants nicht viel zu bieten, Veranstaltungen wie Konzerte und Theateraufführungen gibt es nur in un-

regelmäßigen Abständen. Für die meisten Touristen bleibt Windhoek daher nur Ausgangsstation für längere Rundreisen. In den Einkaufszentren allerdings fehlt es von *biltong* (Trockenfleisch) bis Zeltbedarf an nichts. Noch ein Wort zur Warnung: Nach Geschäftsschluss sollten Sie Fußwege durch die Stadt meiden – es besteht die Gefahr von Raubüberfällen.

## SEHENSWERTES

### ALTE FESTE

Glaubt man der Plakette am Eingang, wurde die Alte Feste 1890 „zur Sicherung des Friedens unter den sich bekämpfenden Namas und Hereros errichtet". Die Ausstellungen in den Gemäuern der Festung erzählen jedoch eine andere Geschichte – vom Ausrottungsbefehl des deutschen Generals Lothar von Trotha, von Kopfgeldern auf Herero und dem Unabhängigkeitskampf gegen deutsche und südafrikanische Kolonialherren. Das Reiterdenkmal „zum ehrenden Andenken an die tapferen deutschen Krieger" steht inzwischen ebenfalls vor der Alten Feste. Es musste gut 100 m entfernt von hier dem Neubau des Nationalmuseums weichen. *Mo–Fr 9–17, im Sommer 9–18, Sa, So 10–12.30, 15–17, im Sommer 10–12.30, 15–18 Uhr | Robert Mugabe Avenue | Eintritt frei*

### BOTANISCHER GARTEN ●

An einem Hang im Ostteil der Stadt, deren Verkehr Sie hier im Hintergrund rauschen hören, erstreckt sich dieses kleine, versteckte Idyll. In dem angenehm naturbelassenen Park mit schattigem Picknickplatz entdecken Sie neben einheimischen Pflanzen mit etwas Glück auch Exemplare der Namibischen Felsenagame, einer Eidechsenart, die nur in Namibia vorkommt. *Mo–Fr 8–17 Uhr | 8 Orban Street | Eintritt frei*

### CHRISTUSKIRCHE

Einst war die am Hang über Windhoek thronende, evangelische Kirche von überall in der Stadt zu sehen. Seit es Hochhäuser gibt, ist das zwar nicht mehr so, gepredigt wird aber immer noch sonntags um 10 Uhr auf Deutsch.

Kreativität. Bildende Künstler, Radio- und Fernsehstudenten, Musiker und Theaterschauspieler studieren hier und geben dem historischen Gebäude einen neuen, besseren Sinn. Im Küchenhaus des alten Migrant Worker Hostel wurde einst für 10 000 ausschließlich männliche

Christuskirche – nur eine der vielen Sehenswürdigkeiten im Zentrum der Hauptstadt

Für Besichtigungen steht die Kirche auch an den anderen Wochentagen offen. Die Altarfenster des 1910 fertiggestellten, zweitältesten Gotteshauses der Stadt waren übrigens ein Geschenk von Kaiser Wilhelm II. *Mo, Di, Do 14–16.30, Mi, Sa 11–12, Fr 10–12, 14–16.30 Uhr, außerhalb der Öffnungszeiten gibt es den Schlüssel im Kirchenbüro in der Castro Street | Robert Mugabe Avenue | Tel. 061 23 60 02 | Eintritt frei*

### INSIDER TIPP KATUTURA COMMUNITY ARTS CENTRE ●

Die einstige Keimzelle Katuturas, des mithilfe von Zwangsumsiedlungen gegründeten Townships, bordet über vor

schwarze Arbeiter ein erbärmlicher Fraß gekocht. Heute sind dort, am Eingang des riesigen Townships, das staatliche *College of the Arts* und das gemeinnützige *John Muafangejo Arts Centre* untergebracht, im *Boiling House* nebenan befindet sich ein Theater. Auch wenn einige Kunstwerke ausgestellt sind, ist das Zentrum noch kein Ziel für Touristen. Spannend ist der Ort vor allem für Kunst- und Geschichtsinteressierte, die sich nicht scheuen, auch nachzufragen. Bei Redaktionsschluss waren eine Cafeteria als Ort der Begegnung zwischen Gästen und Künstlern sowie Touren über das Gelände für die Zukunft angedacht. Das Kunstzentrum ist einfach mit dem Auto

Tintenpalast – früher Symbol bürokratischer Gründlichkeit, heute Ort der Demokratie

zu erreichen. *Mo–Fr 8–17 Uhr | Lennaert Auala Street | www.cota.na | Eintritt frei*

### METEORITENDENKMAL

Die Anordnung zeigte ursprünglich 33 Meteoriten aus dem größten bekannten kosmischen Schauer, der vor rund 600 Mio. Jahren bei Gibeon in der Nähe des Brukkaroskraters auf die Erde niederging. Zwar wurden einige der mehrere Hundert Kilogramm schweren und zum Großteil aus Eisen bestehenden Brocken inzwischen von offensichtlich kräftigen Dieben entwendet. Das Denkmal bietet aber noch immer einen spektakulären Anblick. *Post Street Mall*

### NATIONAL ART GALLERY

Für Heiterkeit sorgen die permanent ausgestellten Comics von Walter Amadhila im Obergeschoss, Samuel Amuketes Werk zur Landfrage regt zum Nachdenken an. Im Keller sind plastische afrikanische Kunst und Werke John Muafangejos sowie unregelmäßig wechselnde Ausstellungen zu sehen. *Mo–Fr 8–13, 14–17 Uhr | Ecke John Meinert Street/Robert Mugabe Avenue | Eintritt frei*

### OFFICE OF THE PRIME MINISTER

Die zwei künstlerischen **INSIDER TIPP** Zeitstreifen zur Geschichte Namibias im zweiten Obergeschoss sind einen Besuch wert. Während das ältere Gemälde von Kobus Esterhuysen aus dem Jahr 1964 die alte, weiße Perspektive auf Namibia reflektiert, stellt die jüngere, 2000 eingeweihte Antwort – ein Gemeinschaftswerk von sechs Künstlern aus Namibia – die heutige Sichtweise dar. Ein Wachmann führt sie auf Nachfrage zu den Kunstwerken. *Tgl. 8–17 Uhr | Robert Mugabe Avenue | Eintritt frei*

### INSIDER TIPP ▶ OMBILI COMMUNITY CENTRE

In zwei Schulen, die Computerkurse und Cateringlehrgänge anbieten und jeweils nur über einen einzigen Raum verfügen, entwickelt sich das neue Katutura. Besucher können werktags jeweils um 13 Uhr die Menüs der angehenden Köche probieren.
Auf dem Gelände hat sich auch ein Kindergarten etabliert. Außerdem befindet sich hier eine Suppenküche, die mittwochs und sonntags warme Mahlzeiten

und, wenn aus Spenden vorhanden, Kleidung an Bedürftige ausgibt. Samuel Kapepo, der das Projekt ins Leben gerufen hat, freut sich über jede – auch tatkräftige – Hilfe und führt seine Gäste im Gegenzug gern durch „sein" Township. *Mi 12–16, So 11–16 Uhr | Omunguidi Street | www.kids-soupkitchen.org*

## PENDUKA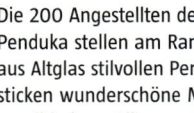

Die 200 Angestellten des Sozialprojekts Penduka stellen am Rand von Katutura aus Altglas stilvollen Perlenschmuck her, sticken wunderschöne Motive aus dem namibischen Alltag auf Kissenbezüge, Handtücher und Taschen und führen im eigenen Restaurant traditionelle Tänze auf. Inzwischen bieten sie sogar einfache Unterkünfte *(€)* in sechs sauberen Rundhütten am angrenzenden Goreangabdamm an. Der Verein Penduka, was auf Deutsch „Wach auf" bedeutet, gibt so vor allem Frauen Arbeit und eine Perspektive.

Weil Katutura die landesweit höchste Tuberkuloserate hat, gibt es inzwischen auch ein Projekt, das an 13 verschiedenen Orten Medikamente und Essen an Betroffene ausgibt – und die basteln im Gegenzug Schlüsselanhänger, um die Lebensmittel zu finanzieren. Gäste sind nicht nur im einladenden Kunsthandwerksshop willkommen, sondern können sich auch jederzeit kostenlos durch die Produktionsräume von Penduka führen lassen. *Tgl. 8–17 Uhr | Green Mountain Dam Road | Tel. 061 30 10 99 | www.penduka.com*

## TINTENPALAST

In dem schlichten Palast hinter der Christuskirche tagt das Parlament Namibias. Den Beinamen hat das Gebäude noch aus der deutschen Kolonialzeit: Er weist auf die bürokratischen Prozesse hin, die in den Gemäuern abliefen. Im feinen, vorgelagerten Garten können Sie sich im Schatten entspannen und die *Peacekeeper-Rosenbeete* bestaunen, die der ehemalige Ministerpräsident Hage Geingob 1995 zum 50. Jahrestag der Uno anlegen ließ – als Dank für den Blauhelmeinsatz auf dem Weg zur Unabhängigkeit. *Mo–Fr 9–12, 14–16 Uhr | Love Street | Eintritt frei*

## TRANSNAMIB MUSEUM

Im alten Bahnhofsgebäude finden sich etliche Originalmöbelstücke aus dem Büro des Stationsmeisters und sogar die alte Kommunikationszentrale. Historische Lokomotiven auf dem Vorplatz machen die Geschichte der namibischen Eisenbahn lebendig. Das Museum zeigt darüber hinaus Ausstellungen zur Luftfahrt und zum Hafenamt. *Mo–Fr 8–13,*

## LOW BUDG€T

▶ *Chameleon Safaris (Tel. 061 24 76 68 | www.chameleonsafaris. com)* bringt Sie preisgünstig in die Wüste oder Savanne: Das Unternehmen, das zur gleichnamigen Backpackers Lodge in Windhoek gehört, bietet u. a. Zeltsafaris für den kleinen Geldbeutel an.

▶ Je älter, desto billiger vermietet Hubert Hesters von *Kalahari Car Hire (109 Daan Bekker Street | Tel. 061 25 26 90 | www.kalaharicarhire.com)* in Windhoek seine Pick-ups. Ein alter *bakkie* kann gerade in rauem Terrain von Vorteil sein, denn im Gegensatz zu seinen hochmodernen Nachfolgern kann ihn manchmal auch ein Hobbymechaniker in einer Lodge irgendwo im Grünen reparieren.

*14–17 Uhr | Ecke Bahnhofstraße/Mandu-me Ndemufayo Avenue | Eintritt 5 N$*

## ESSEN & TRINKEN

**INSIDER TIPP ▶ AM WEINBERG**

Moderne Kreationen in historischem Ambiente: Das elegante Restaurant, untergebracht in einem der ältesten Häuser

Willkommen in Joe's Beerhouse!

des Stadtteils Klein Windhoek, überzeugt mit exzellenten Meeresfrüchten, guten Weinen und in der Saison mit frischen Kalaharitrüffeln. *Sa mittags geschl. | 13 Jan Jonker Road | Tel. 061 23 60 50 | www.amweinberg.com | €€€*

### ANDY'S BAR

Vor allem Fans des FC Sankt Pauli dürften sich hier wohlfühlen: Auf dem Dach weht die Totenkopffahne des Hamburger Fußballvereins. Neben Krabbenbrötchen und leckerem, fettfreiem Gyros im Fladenbrötchen hat der fußballvernarrte Wirt auch gute Pizzen auf der Karte.

Samstags läuft hier die Sportschau. *Mo geschl. | 334 Sam Nujoma Drive | Tel. 061 40 15 16 | €*

### FLAUNT DAYTIME BISTRO

Das Flaunt ist ein Shoppingmallbistro der gehobenen Klasse und fast schon ein Stück moderner, urbaner Mittelstandskultur. Die Einheimischen kommen hier bei selbst gebackenen Pies, reichhaltigen Kuchen oder stilecht angerichteten Salaten zusammen. *Abends und So geschl. | Maerua Lifestyle Centre, Centaurus Street | Tel. 061 40 27 23 | €€*

### JOE'S BEERHOUSE

Hier treffen sich Einheimische und Touristen zu frisch gezapftem Bier und Wildgerichten. Die Dekoration ist exzentrisch. An der Wand hängen Tierköpfe, darunter stehen reihenweise alte Jägermeisterflaschen. Auf den Tellern geht es wesentlich aufgeräumter zu, die Küche ist exzellent und kreativ. Zum Joe's gehören auch ein Biergarten, eine Bar und ein Lagerfeuerplatz. *Tgl. | 160 Nelson Mandela Avenue | Tel. 061 23 24 57 | www.joesbeerhouse.com | €€*

### LEO'S AT THE CASTLE ★

In dem Gourmetrestaurant, das zum Hotel Heinitzburg gehört, speisen Sie im Originaltrakt der 1914 gebauten Privatburg. Auf den Teller kommt deutsch-französische Küche mit namibischen Zutaten wie Springbock und Langusten. Auf der wunderschönen ● ☼ Caféterrasse genießen Sie verführerische Kuchenkreationen und eine grandiose Aussicht auf Windhoek, die allein schon einen Besuch wert ist. *Tgl. | Heinitzburg Street | Tel. 061 24 95 97 | www.heinitzburg.com | €€€*

**INSIDER TIPP ▶ NICE**

Die Abkürzung NICE steht für das Namibian Institute of Culinary Education:

ein Spitzenrestaurant, das zugleich Küchenfachschule ist. Jährlich werden hier zehn bis zwölf Spitzenköche ausgebildet. Schon die Kreationen in der Lernphase können sich aber absolut sehen lassen! *Sa mittags und So ganztägig geschl. | 2 Mozart Street | Tel. 061 30 07 10 | www. nice.com.na | €€*

**INSIDER TIPP** **SINGLE QUARTERS MEAT MARKET**

Im Hintergrund hören Sie die Äxte auf das Holz einkrachen, das später die Glut liefert. Übertönt werden sie nur von den Grillmeistern, die an zehn aneinandergereihten Grillständen ihr *kapana* (gegrilltes Rindfleisch) anbieten. Jeder von ihnen schwört auf seine eigene, geheime Gewürzmischung, die das Fleisch jeweils zum leckersten der Stadt machen soll. Vor dem Kauf (20 bis 30 Namibia-Dollar reichen für eine gute Portion) gibt es daher ein Probierhäppchen. Direkt hinter den Grillständen werden halbe Kühe in ihre Einzelteile zerlegt – das sieht roh und rustikal aus, garantiert aber die Frische des Fleischs. Weiße Tischdecken und verzierte Kerzenhalter suchen Sie hier ohnehin vergebens. Gegessen wird meist direkt vom Grill, ohne Besteck, aber mit Tischgespräch. *Tgl. | Shanghai Street/Ecke Genesis Street | €*

**INSIDER TIPP** **XWAMA** ●

Das authentisch eingerichtete Restaurant in Katutura zeigt, dass Oshivambogerichte aus dem Norden auch auf hohem Niveau und ohne Touristennepp serviert werden können. Frittierte Mopaneraupen und Sorghumbier auf der Karte haben exotischen Reiz. Es stehen aber auch Hühner- und Fischgerichte bereit, mit denen Sie sich der nordnamibischen Küche behutsamer nähern können. Im Oshoto, einer traditionellen Sitzecke um ein kleines Feuer, werden auf Nach-

frage Geschichten aus dem Ovamboland erzählt. *Tgl. | Omoongo Street/Ecke Independence Avenue | Tel. 061 21 02 70 | www.xwama.com | €*

## EINKAUFEN

### THE DIAMOND WORKS ●

Am Eingang gibt es ein Glas Sekt (oder Orangensaft) aufs Haus, und auf der anschließenden Tour durch das kleine Geschäft erfahren Sie allerlei Wissenswertes zu den kleinen, funkelnden Steinchen und ihren Bewertungsmaßstäben. Ein Goldschmied und zwei Diamantenschleifer arbeiten an Schauwerkbänken hinter Glas. Wer mag (und es sich leisten kann), darf anschließend auch gleich vor Ort einkaufen. *In der Old Brewery, 40 Tal Street*

### NAKARA BOUTIQUE

Hier bekommen Sie stilecht verarbeitete Lederjacken und -taschen, hauptsächlich aus Straußen-, Rinder- und Antilopenleder. Die Fabrik *(3 Solingen Street, Northern Industrial)* können Sie auch besichtigen. *G4 Mutual Tower, Independence Avenue*

### OLD BREWERIES CRAFT MARKET ★ ●

Die großen und kleinen Souvenirläden auf dem Gelände des Markts sind allein schon einen Halbtagesausflug wert. Vom Kaufrausch gepackt, können Sie hier Gefahr laufen, eine komplette Einrichtung für Küche und Wohnzimmer aus lokal hergestelltem Kunsthandwerk zu erstehen. Daneben gibt es Ausstellungen und Bildergalerien, im Innenhof manchmal Konzerte sowie ein Massagestudio für die vom Tütenschleppen malträtierten Schultern. Vom kleinen *Craft Café (abends geschl. | €€)* aus können Sie das bunte Treiben entspannt bei einer Tasse Kaffee beobachten. *40 Tal Street*

## AM ABEND

Selbst Einheimischen fällt es schwer, das Nachtleben von Windhoek schönzureden. Die Clubs kommen und gehen und schwanken vor allem in der Qualität relativ stark.

### NATIONAL THEATRE OF NAMIBIA

Das Staatstheater bietet eine Mischung aus Eigenproduktionen und – teilweise internationalen – Gastspielen. Aktuelle Informationen erhalten Sie an der Theaterkasse *(Mo–Fr 8–14, 15–17, Sa 9–12 Uhr)*. *12 John Meinert Street | Tel. 061 23 46 33 | www.ntn.org.na*

### PLAYHOUSE THEATRE

Das unregelmäßige Programm besteht zum Großteil aus leicht verdaulicher Comedy und Konzerten. Nach dem Niedergang des Warehouse Theatre ist es aber erfreulich, dass das Konsortium um den Radiosender 99FM das Haus überhaupt wiederbelebt hat. *45 Tal Street | Tel. 061 40 22 53 | www.99fmplayhouse.com.na*

## ÜBERNACHTEN

### INSIDER TIPP BANTING SELFCATERING ACCOMMODATION

Die Unterkunft ist eine Mischung aus Bed and Breakfast und Selbstversorger-Ferienwohnung mit hübschen, komfortablen Zimmern im ruhigen Windhoeker Westen. Das gemeinsame Frühstück ist ein köstlicher Ausdruck der familiären Atmosphäre. Für alle anderen Mahlzeiten haben die Zimmer eine Küchenzeile, im Hof steht zudem ein fester *braai* mit Sitzecke. *6 Zi. | 16 Banting Street | Tel. 061 23 42 07 | www.bsca.com.na | €*

### CHAMELEON BACKPACKERS LODGE ☺

Von klassischen, nicht überfrachteten Mehrbetträumen bis zu eleganten Zimmern mit eigenem Bad und WC reicht die Palette in diesem Lodge gewordenen Backpackerhaus. Die Betreiber legen verstärkt Wert auf Umweltfreundlichkeit: Das Wasser wird mit Solarzellen erwärmt, und eine Wurmfarm düngt den Garten. Die Partyatmosphäre von einst ist dem neuen Standard gewichen, aber die Bar ist immer noch ein guter Ort, um andere Reisende zu treffen und sich auszutauschen. Ein einfaches Frühstück ist für alle Gäste inklusive, außerdem gibt es einen Internetzugang sowie einen Wäscheservice. *20 Zi. | 5–7 Voigt Street | Tel. 061 24 43 47 | www.chameleonbackpackers. com | €*

### HOTEL HEINITZBURG

Das kleine, exklusive Hotel bewahrt in seinen luxuriösen Zimmern den Charme der alten Burg. Die kaufte der Burgherr Hans Bogislav Graf von Schwerin einst für seine Verlobte, während er selbst scheinbar züchtig in einem Nebenhaus lebte – allerdings mit der Liebsten durch einen Geheimtunnel verbunden. *16 Zi. | Heinitzburg Street | Tel. 061 24 95 97 | www.heinitzburg.com | €€€*

### HAUS SONNENECK

Das helle Gästehaus am ruhigen Stadtrand bietet ein reichhaltiges Frühstücksbuffet und kostenlosen Internetzugang. Alle Zimmer haben eine kleine Privatterrasse und werden von zwei knuffigen Dackeln bestens bewacht. *8 Zi. | 1 Robyn Street | Tel. 061 22 50 20 | haussonneneck@mweb.com.na | €€*

## AUSKUNFT

### TOURIST INFORMATION CENTRE BUS TERMINAL

Filiale der Hauptinformation. *Ecke Independence Avenue/Fidel Castro Street | Tel. 061 2 90 25 96*

## TOURIST INFORMATION POST STREET MALL

*Post Street Mall, etwas versteckt gegenüber dem Meteoritenbrunnen | Tel. 061 2 90 20 92 | oft@windhoekcc.org.na*

## ZIELE IN DER UMGEBUNG

### HEROES' ACRE (135 E3) (G7)

Das Nationaldenkmal steht in totalitär wirkender Übergröße 5 km südlich von Windhoek an einem Berghang und ist auch von Weitem von der B1 aus sichtbar. 167 Stufen führen von einem ewigen Feuer zu einem Obelisken hinauf. Oben erinnert eine riesige Soldatenstatue an die Helden des Befreiungskampfs. Die namibische Antwort auf die unzähligen, über das Land verteilten deutschen „Helden"-Denkmäler fällt wahrhaft monumental aus. Wenn Sie sich für die jüngere Geschichte des Landes interessieren, sollten Sie aber dort gewesen sein. *Tgl. 8–16 Uhr | Eintritt 20 N$, 10 N$ fürs Auto*

### PEPERKORREL (135 F3) (H8)

Auf der Farm, 110 km östlich von Windhoek, wird die Kalahari buchstäblich zur Kulturwüste. Peperkorrel ist der Wohnsitz der bedeutenden namibischen Bildhauerin Dörte Berner, die selbst durch die Ausstellung ihrer Werke führt und zudem Workshops für Bildhauer anbietet. Auch wenn Sie sich weniger für Kunst interessieren, ist die Farm einen Besuch wert – als Erholungsparadies in totaler Ruhe: Kurze Lehrpfade rund um die zugehörige, wunderschöne *Eningu Clayhouse Lodge (9 Zi. | Tel. 062 58 18 80 | www.eningulodge.com | €€€)* informieren über Flora, Fauna und Farmwirtschaft Namibias, am Wasserloch finden sich oft Stachelschweine ein. Gemüse und Wild auf der Menükarte kommen von der eigenen Farm. 50 Prozent des Stroms wird durch Fotovoltaik erzeugt, das Wasser wird zu 100 Prozent mit Sonnenenergie erwärmt. *An der M51, 65 km hinter dem Flughafen | www.doerte-berner.com*

Neben naturnaher Entspannung bietet die Farm Peperkorrel auch viele Kunstwerke

# DER SÜDEN

**Die flachen Weiten des namibischen Südens spielen auf der touristischen Landkarte nur eine untergeordnete Rolle – völlig zu Unrecht.**

Köcherbaumwälder verstecken sich hinter bizarren Felsformationen, Wasserfälle tauchen plötzlich mitten in der Steppe auf, wilde Pferde kämpfen am Rand der Wüste ums Überleben, und der gewaltige Fish River Canyon schneidet sich tief ins Erdinnere – ein beeindruckendes Schattenspiel von einsamer, karger Schönheit.

Kaum vom Strom der Touristen beachtet, fristet auch das Küstenstädtchen Lüderitz, die einstige Keimzelle der Kolonie Deutsch-Südwestafrika, heute ein verschlafenes Dasein. Doch wo die Wüste ins Meer stürzt, können Sie wunderbar Delphine, Pinguine und Robben beobachten. Am Grund der See verstecken sich Langusten, auch Austern werden gezüchtet – so frisch und günstig wie hier bekommen Sie die Meeresfrüchte nirgendwo sonst.

Einen wirklichen Boom erlebte die Region allerdings aufgrund eines anderen Luxusguts: Diamanten! Der einheimische Bahnarbeiter Zacharias Lewala entdeckte 1908 den ersten funkelnden Stein, reich wurde dadurch allerdings nur sein Chef August Stauch. Das nach den ersten Funden deklarierte Sperrgebiet besteht noch heute, die einstige Diamantengräberstadt Kolmanskop – halb im Sand versunkenes Monument einer Boomzeit mit vielen Entbehrungen – dürfen Sie aber besuchen.

Bild: Fish River Canyon

Diamanten, Sand und Seafood – Namibias
Süden lockt mit der rauen Atlantikküste,
einem tiefen Canyon und endloser Wüste

# FISH RIVER CANYON

**(138 B4–5) (🗺 G13)** ⭐ **550 m tief
schneidet sich der Fish River in die
ansonsten flache Steppe Südnamibias
ein. Mit etwa 160 km Länge und 27 km
Breite ist der Canyon der größte Afrikas
und gilt vielen nach dem Grand Canyon
in den USA als zweitgrößte Schlucht der
Welt.**

Entstanden ist er jedoch nicht durch
den Flusslauf, sondern durch das Ausei-
nanderdriften der Kongo- und der Kala-
hariplatte. So bildete sich vor 350 Mio.
Jahren ein erster Graben. Erst später
vertieften Gletscher und Erosion das
Flusstal – ein Prozess, der bis heute an-
hält, auch wenn der Fluss außerhalb der
Regenzeit nur noch eine Kette lehmiger
Tümpel darstellt. An den oft senkrechten
Wänden der Schlucht liegt die geologi-
sche Geschichte offen wie ein Buch vor
dem Betrachter.

Bei einer Paddeltour auf dem Oranje kommen große und kleine Abenteurer auf ihre Kosten

Der tiefere, südliche Teil des Canyons gehört zum *Ai-/Ais Richtersveld Transfrontier Park (80 N$, 10 N$ fürs Auto)* und ist gleichzeitig dessen Hauptattraktion. Den besten Ausblick haben Sie hier von der ☀ Besucherplattform oberhalb der Höllenkurve. Sie liegt rund 5 km hinter dem Haupteingang des Parks bei Hobas, zu erreichen über die C37. In die Schlucht hinabsteigen dürfen Tagesgäste aber nicht. Doch auch von den Aussichtspunkten bieten die steilen, zerklüfteten Hänge, vom Sonnenlicht unterteilt in gleißend helle Flächen und tiefschwarze, schattige Spalten, einen einmaligen Anblick. Der Teufel selbst hätte nicht authentischer tapezieren können. Alle Aussichtspunkte erreichen Sie mit dem Auto.

## FREIZEIT & SPORT

**INSIDER TIPP ▶ MAULTIERWANDERUNG**
Klippspringer hüpfen Abhänge hinauf, Eidechsen huschen in Sandsteinspalten

und unter einem Felsüberhang liegt ein zerfetztes Antilopenskelett – das Werk eines Leoparden. Der Fish River Canyon ist ein Naturparadies und im nördlichen Teil können auch Gelegenheitswanderer diese schroffe Wunderwelt ganzjährig auf geführten, vier- oder fünftägigen Touren erkunden. Im 1260 km² großen, privaten *Gondwana Cañon Park* übernehmen Maultiere das Gepäck, als Gast brauchen Sie nur einen kleinen Rucksack (mit viel Wasser!) für den Tag und durchschnittliche Wanderfitness. Wenn die Nacht einbricht, fängt die Astronomiestunde an, danach schlafen Sie im bereitgestellten Zelt, in atemberaubender Ruhe. Wenn nicht gerade eine Gruppe Paviane von fernen Hängen bellt, können nur Sie selbst die Stille durchbrechen – etwa mit einem Sprung in einen kühlen Kolk im Flussbett. *Canyon Mule Trekking Tours | Tel. 061 23 00 66 | www.gondwana-collection.com | Start ab Cañon Roadhouse | ab 6935 N$ inkl. aller Mahlzeiten*

## ÜBERNACHTEN

Innerhalb des Nationalparks gibt es nur einen kargen Campingplatz *(14 Stellplätze | Tel. 064 40 21 72 | www.nwr.com.na)* direkt am Eingangstor. Wesentlich attraktiver sind die Unterkünfte im direkt angrenzenden Gondwana Cañon Park.

### CAÑON LODGE ☆

Die Natursteinhäuschen mit Reetdach integrieren teilweise sogar die großen Findlinge der umliegenden Felsformationen. Gäste haben einen herrlichen Ausblick auf eine Seitenschlucht des Canyons. Etwas weiter abgelegen bietet das zugehörige *Cañon Mountain Camp (€)* mit acht Doppelzimmern eine günstige Alternative für Selbstversorger. *30 Chalets | an der C37, 11 km südl. des Parkeingangstors | Tel. 061 23 00 66 | www.gondwana-collection.com | €€€*

### INSIDER TIPP CAÑON ROADHOUSE

Mit seiner Oldtimersammlung im Garten ist das witzig und stilecht eingerichtete Roadhouse eine der außergewöhnlichsten Lodges des Landes. Es gibt auch einen Campingplatz. *24 Zi., 11 Zeltstellplätze | an der C37, 14 km nördl. des Parkeingangstors | Tel. 061 23 00 66 | www.gondwana-collection.com | €€*

## ZIELE IN DER UMGEBUNG

### /AI-/AIS HOT SPRINGS ●
(138 B5) *(ᗠ G13)*

Am südlichen Ende des Fish River Canyon sprudeln 65 Grad heiße Quellen aus der Tiefe empor und speisen mit ihrem schwefelhaltigen Wasser einen *Pool (tgl. 9–18 Uhr | 30 N$)*, in dem Besucher auch baden dürfen. Im */Ai-/Ais Hot Springs Spa (tgl. 9–18 Uhr | Eintritt frei)* werden Sie mit allen erdenklichen Massagen *(150 N$–400 N$)* verwöhnt.

Zu erreichen sind die Quellen über die Panoramastraße C10, die sich wunderschön kurvenreich in ein Seitental windet. Übernachten müssen Sie hier nicht, die Unterkünfte *(37 Zi., 7 Chalets | Tel. 064 40 21 72 | www.nwr.com.na | €€)* wirken kahl und leblos. Eine Halbtagestour vom Fish River Canyon ist die bessere Alternative.

### ORANJE (138–139 A–F6) *(ᗠ F–M14)*

Der mit 2200 km längste Fluss des südlichen Afrikas bildet auf 550 km die Grenze zwischen Namibia und Südafrika. Weil der Strom seit jeher reichlich Sediment transportiert, ist er sowohl für die Sanddünen an der namibischen Westküste als auch für die darin versteckten Diamanten verantwortlich. Die Reichtum bringende Lebensader durch die Wüste erkunden

---

⭐ **Fish River Canyon**
Der größte Canyon Afrikas bietet tiefe Einblicke in die Geologie des Kontinents → S. 89

⭐ **Köcherbaumwald**
Bei Keetmanshoop wächst ein ganzer Wald der wundersamen Pflanzen über kuriosen Felsformationen – ein Ort wie ein Postkartenmotiv → S. 93

⭐ **Kolmanskop**
Halb im Sand versunken, sind die prächtigen Jugendstilbauten der Diamantengeisterstadt ein faszinierender Anblick → S. 97

⭐ **Wilde Pferde von Garub**
Die Nachkommen von Ausreißern lieben ihre Freiheit und leben mit und von der Wüste → S. 97

**MARCO POLO HIGHLIGHTS**

Sie am besten vom Kanu aus. Langsam gleiten Sie an den Tafeltraubenplantagen und an Schilfgürteln vorbei, in denen sich Fischotter verstecken, während rundherum Gelbe Klippdorsche springen. Touren veranstaltet z. B. das 210 km südlich vom Canyoneingang gelegene Camp *Felix Unite* (138 B6) (*G14*) (*an der C13 | Tel. (Südafrika) +27 21 7 02 94 48 | www.felixunite.com | ab 2995 N$*).

# KEETMANS-HOOP

(138 C3)  (*H12*) **Die Hauptstadt (17 000 Ew.) des südlichen Karasdistrikts ist ideal für Zwischenübernachtungen auf Reisen durch die Kalahari, zwischen Windhoek, Fish River Canyon, Lüderitz und Südafrika.**

## LOW BUDGET

▶ Für einen Eintritt von 10 Namibia-Dollar gibt es im *//Garas Park (10 km nördl. von Keetmanshoop an der B1)* jede Menge Köcherbäume und dazu noch skurrile Kunstwerke zu sehen. Manisch anmutende Puppen und Skulpturen stehen wild verstreut und etwas gruselerregend auf der Farm. Wer sich traut, kann hier auch übernachten – im eigenen Zelt oder in einer sehr einfachen Namastrohhütte.

▶ Hübsch eingerichtete Selbstversorgerzimmer mit Holzfußboden, kleiner Küche und herrlichem Blick auf die Bucht hat das *Island Cottage (3 Zi. | Inselstraße | Tel. 063 20 36 26 | retha.c@mweb.com.na)* in Lüderitz.

Für die Umgebung mit ihren urigen Köcherbäumen sollten Sie jedoch unbedingt Zeit mitbringen. Interessant ist auch das Museum in der 1895 erbauten *Rheinischen Missionskirche (Mo–Do 7.30–16.30, Fr 7.30–16 Uhr | Sam Nujoma Drive | Eintritt frei)*, das sich der deutschen Kolonialherrschaft und dem Freiheitskampf der Nama und Herero widmet. Am Ortsausgang in Richtung Windhoek betreibt eine Gruppe angenehm unaufdringlicher Händler einen *Markt* mit Holzschnitzereien.

## ÜBERNACHTEN

### BIRD'S MANSION HOTEL
In zentraler Lage verbindet das Haus die Eleganz eines Hotels mit der familiären Atmosphäre einer Pension. Die Zimmer sind geräumig, Chefin und Personal äußerst hilfsbereit. Das Restaurant *(tgl. | €€)* bietet leckere Kudugerichte und steht auch Gästen offen, die nicht im Hotel übernachten. *23 Zi., 2 Selbstversorgereinheiten | 6th Avenue | Tel. 063 22 17 11 | www.birdsaccommodation.com | €*

### BIRD'S NEST
Das Bed and Breakfast ist die kleine Schwester des Hotels und eine rustikale und entspannte Alternative außerhalb des Stadtzentrums. *10 Zi. | 16 Pastorie Street | Tel. 063 22 29 06 | www.birdsaccommodation.com | €*

### PENSION GESSERT
Der Garten des Bed-and-Breakfast-Hauses ist vermutlich der grünste Fleck der Region, die beiden kommentarfreudigen Papageien sorgen für zusätzliches Flair. Die Zimmer sind blumig-ländlich eingerichtet, und das wunderbare Frühstück wird besonders liebevoll zubereitet. *7 Zi. | 13th Street 138, Westdene | Tel. 063 22 38 92 | gessert@iafrica.com.na | €*

# DER SÜDEN

## AUSKUNFT

### TOURISTENINFORMATION

*5th Avenue, im ehemaligen Kaiserlichen Postamt, gegenüber Central Park | Tel. 063 22 12 66*

## ZIELE IN DER UMGEBUNG

### BRUKKAROS 🌿 (138 B2) (𝕄 H11)

Der Ausblick vom Rand des längst erloschenen Vulkankraters (130 km nordwestlich von Keetmanshoop gelegen) ist gigantisch. Wie mit dem Salzstreuer verteilt, stehen heute Köcherbäume, wo einst Lava emporstieg. Am Ausgang des Kraters bildet sich nach Regenfällen ein Wasserfall wie aus dem Bilderbuch. Die Wanderung dorthin dauert bei durchschnittlicher Fitness ungefähr zwei Stunden. Führungen gibt es nicht, der Pfad beginnt am spartanischen *Community-campingplatz (Tel. 061 25 05 58)* am Ende der Stichstraße D3904. Nachts können Sie am Brukkaros wunderbar den ● Sternenhimmel beobachten, denn weder auf dem Campingplatz noch in der Umgebung stören künstliche Lichtquellen die Dunkelheit.

### KÖCHERBAUMWALD ★
(138 C3) (𝕄 H11)

Die außergewöhnliche Dichte von 250 Köcherbäumen auf engstem Raum hat diesem Ort 14 km nordöstlich von Keetmanshoop 1955 den Status eines Staatsmonuments eingetragen. Das Gebiet steht also unter Denkmalschutz. Auch die aufgetürmten Doleritformationen in der Gegend tragen zum beeindruckenden Bild bei. *www.quivertreeforest.com | Eintritt 50 N$*

Die Köcherbäume Namibias bieten nicht nur im Dämmerlicht einen märchenhaften Anblick

**INSIDER TIPP** ▶ **WATERVAL**
(138 B2) (*ɯ H11*)

Auf dem Weg zum Brukkaros, kurz nach dem Abzweig von der B1, verwirrt ein Schild mit der Aufschrift „Waterval" mitten in der Steppe und Trockenheit – und tatsächlich stürzt 2 km weiter der Fish River während und nach der Regenzeit mit viel Lärm, Gischt und kleinen Regenbogen an völlig unerwarteter Stelle in die Tiefe. Der Wasserfall (90 km nördlich von Keetmanshoop) ist frei zugänglich, im Kolk unterhalb können Sie sogar baden.

# LÜDERITZ

**KARTE IM HINTEREN UMSCHLAG**
(137 D3) (*ɯ E12*)
**13 Vereine gab es einst in Lüderitz (13 000 Ew.), doch vom emsigen Leben ist in der wohl deutschesten Stadt Afrikas kaum noch etwas zu spüren.**

Fernab der Touristenrouten ringt Lüderitz einen zähen, einsamen Kampf um Aufmerksamkeit. Die noch relativ junge Waterfront wirkt tot und taugt mit ihren Ramschläden nicht für einen touristischen Einkaufsbummel. Es wäre leicht, Lüderitz als langweiliges Provinznest abzutun, es wäre aber genauso falsch.

Die Stadt selbst hat eine faszinierende historische Ausstrahlung. Sie wirkt wie eine Mischung aus Jugendstilseebad und abgeschiedenem Fischerdorf – ein Eindruck, der durch den fehlenden Tourismusglanz umso authentischer ist. An den Küsten vor Lüderitz gibt es Pinguine, Achatsteine und versteckte Höhlen zu entdecken. Die Restaurants bieten frische Meeresfrüchte an, und morgens, wenn der Atlantik noch ruhig ist, können Sie auf Bootstouren Delphine und Wale beobachten.

## SEHENSWERTES

### FELSENKIRCHE ●
Wenn nachmittags die tief stehende Sonne ihre Strahlen durch die wunderschönen Bleiglasfenster schickt, öffnet das 1912 erbaute Gotteshaus auf dem Berg seine Pforten für Besucher. Alles, was Sie hier sehen, wurde übrigens aus Deutschland per Schiff importiert, selbst der Elbsand für den Beton. *Mo–Sa 16–17, im Sommer 17–18 Uhr | Kirchstraße | Eintritt frei*

### HAUS GOERKE
Die prächtige Kolonialstilvilla ist als Museum eingerichtet, wirkt jedoch konzept-

# DIE RIESEN DER KALAHARI

Die San verwendeten die ausgehöhlten Äste der Köcherbäume, um auf der Jagd ihre Pfeile zu transportieren, und verhalfen der Pflanze so zu ihrem Namen. Ein typischer Baum ist Aloe Dichotoma aber eigentlich nicht, sondern eine Aloeart, deren Zweige sich immer in genau zwei kleinere gabeln. Bis zu 9 m hoch ragen diese Fühler in den hellblauen Himmel der Kalahari – nirgends sonst auf der Welt kommt die Pflanze vor. Auf Regen sind Köcherbäume nur alle paar Jahre angewiesen – sobald sich die Himmelsschleusen dann öffnen, saugt das Flachwurzelwerk einen Wasservorrat in die fleischigen Äste, mit dem die Sukkulenten jede Dürre überstehen.

los und erinnert eher an ein Geisterhaus. Ein Teil der gezeigten Möbel stammt noch vom Ehepaar Goerke, das nach der Fertigstellung 1910 allerdings nur zwei Jahre hier lebte. Vom **INSIDER TIPP** *Diamantenberg*, der hinter dem Haus liegt, haben Sie den besten Blick über die

gründer Adolf Lüderitz, seinen Verhandlungsführer Heinrich Vogelsang und den Nama-Kaptein Joseph Fredericks.

### SHEARWATER OYSTER FARM
In Netzkörben, die an Bojen hängen, werden in den Buchten vor Lüderitz

Verkanntes Juwel am Atlantik: Blick auf Lüderitz vom Berg bei der Felsenkirche

Stadt. *Mo–Fr 14–16, Sa, So 16–17 Uhr | Diamantbergstraße | Eintritt 25 N$*

### LÜDERITZ MUSEUM
Ein einziger großer Raum erklärt Ihnen die Geschichte der Stadt, archäologische Funde der Umgebung, Geologie und Natur. *Mo–Fr 15.30–17 Uhr | Diazstraße | Eintritt 15 N$*

### SHARK ISLAND
Vom Leuchtturmhügel aus bietet sich ein schöner Blick über Bucht, Hafen und Stadt. Auf dem eintrittspflichtigen Campingplatz *(20 Stellplätze | 40 N$, 10 N$ fürs Auto)* erinnern Denkmäler an Stadt-

köstliche Austern gezüchtet. Die Arbeitsschritte werden auf einer Tour durch die Anlage erklärt. Von der Qualität des Produkts dürfen Sie sich anschließend im hauseigenen Restaurant *(Mo–Do abends geschl., Sa/So ganztägig geschl. | €€)* überzeugen. *Touren Mo–Fr 12, 15, Sa 12 Uhr | Inselstraße | Tel. 063 20 40 30 | 50 N$*

## ESSEN & TRINKEN

**INSIDER TIPP** **BARRELS**
Das urige Restaurant hat eine offene Feuerstelle, auf der frischer Fisch gegrillt wird – sofern er nicht im hauseigenen

Räucherofen landet. Für wenig Geld bekommen Sie Langusten satt, und jeden Tag wird ein Buffet frisch zusammengestellt. Wenn die Küche um 21.30 Uhr schließt, ist die Bar für gewöhnlich der letzte Ort, an dem das Nachtleben Lüderitz küsst – das aber innig und oft mit Livemusik. *Mittags und So geschl. | Nachtigallstraße 5 | Tel. 063 20 24 58 | €€*

### RITZI'S

Das gute Fischrestaurant im Obergeschoss der Waterfront bietet von der ☼ Terrasse einen Panoramablick auf den Hafen. Neben Langusten gibt es auch deutsche Spezialitäten wie Eisbein mit Sauerkraut. *So geschl. | Hafenstraße | Tel. 063 20 28 18 | €€*

### SEA BREEZE

In dem netten Coffeeshop bekommen Sie gutes Frühstück, Hamburger, Sandwiches und weitere Kleinigkeiten. *Abends und So geschl. | Waterfront, Hafenstraße | Tel. 063 20 42 35 | €*

## ÜBERNACHTEN

### BAY VIEW HOTEL

Die praktisch eingerichteten Zimmer kommen dank beiger Teppiche und brauner Pressholzschränke mit dem antiken Charme von Omas Gästezimmer daher und fügen sich so hervorragend in die Atmosphäre der Stadt ein. *21 Zi. | Diazstraße/Ecke Bismarckstraße | Tel. 063 20 22 88 | www.luderitzhotels.com | €*

### LÜDERITZ NEST HOTEL

Das Hotel ist modern, aber aufgrund seiner Größe relativ unpersönlich. Es hat eine Sauna und eine eigene Austernbar und befindet sich in schöner Lage außerhalb des Zentrums an der Bucht. *73 Zi. | Diazstraße | Tel. 063 20 40 00 | www.nesthotel.com | €€*

## AUSKUNFT

### LÜDERITZ SAFARIS & TOURS

Informationszentrum, Buchungsbüro für Touren, Souvenirgeschäft und Buchhandlung – hier finden Sie alles an einem Ort. *Bismarckstraße | Tel. 063 20 27 19 | ludsaf@africaonline.com.na*

## ZIELE IN DER UMGEBUNG

### ACHATSTRAND (137 D3) (𝄢 E12)

Der schöne, lange Sandstrand liegt in einer geschützten Bucht 8 km nördlich von Lüderitz. Nach einer Nacht rauer See entdecken geschulte Augen mit etwas Glück Achate. Kälteresistente Badenixen gehen im Sommer im ruhigen Wasser schwimmen. In den Dünen stehen feste Grillstände mit Windschutz.

### DIAMANTENSPERRGEBIET
(137 D–F 3–6) (𝄢 E–G 12–14)

Auf einem organisierten Ausflug dürfen Touristen wieder in die fast ein Jahrhundert lang nahezu unberührte Wüstenlandschaft aufbrechen, die sich zwischen Lüderitz und der südafrikanischen Grenze erstreckt. Die Route der Tagestour führt vorbei am alten Diamantengräberort Pomona und zum Bogenfels, einem 60 m hohen, natürlichen Steintor, das mit je einem Fuß an Land und im Atlantik steht. *Coastways Tours | Tel. 063 20 20 02 | www.coastways.com.na | Abholung vom Hotel | 1250 N$*

### DIAZ POINT ☼ (137 D3) (𝄢 E12)

Ein massives Steinkreuz erinnert auf dem sturmgezeichneten Landvorsprung 20 km westlich von Lüderitz an Bartholomeu Diaz. Der Portugiese war 1488 der erste Europäer, der in der Gegend des heutigen Lüderitz an Land ging. Unweit des Kreuzes warnt noch heute ein Leuchtturm die Seefahrer vor den gefährlichen

In gespenstischer Stille liegen die Häuser der Diamantenstadt Kolmanskop heute in der Wüste

Klippen dieser rauen Küste. In seinem Schatten können Sie sogar übernachten – im eigenen Zelt, rustikal-komfortabel im ehemaligen Arbeiterwohnquartier der Eisenbahngesellschaft oder absolut stilecht, aber unbequem in der Kabine eines ausrangierten Fischerboots *(Buchungen über Bay View Hotel | €)*.

## KOLMANSKOP ★ ● (137 D3) (*ı∂ E12*)

Riesige Wanderdünen schieben sich langsam in die Häuser von Kolmanskop, von denen einige erstaunlich gut erhalten sind. Die Geisterstadt (10 km östlich von Lüderitz) liegt noch immer im Diamantensperrgebiet, darf aber mit Auflagen besucht werden: Wer sich bückt, ist verdächtig, aufheben dürfen Sie nichts. Auf einem geführten Rundgang zwischen Kegelbahn und alter Eisfabrik wird die Geschichte des zu Beginn des Diamantenbooms 1908 gegründeten Orts wieder lebendig. *Tgl. 8–13, Führungen Mo–Sa 9.30, 11, So 10 Uhr | Eintritt 55 N$*

## WILDE PFERDE VON GARUB ★ ●

Etwa 225 wilde Pferde leben am Rand der Namib. Am besten beobachten können Sie sie an der künstlich angelegten *Garubpfanne (137 E3) (ı∂ F12)* (105 km östlich von Lüderitz an der B4), ihrer einzigen Wasserstelle. Die Tiere sind Nachkommen von entlaufenen Trakehnern der Schutztruppe, Burenpferden der südafrikanischen Armee und anderen Ausreißern, die inzwischen zu einer einzigartigen Rasse verschmolzen sind. Ohne künstliche Wasserversorgung würden die Tiere jämmerlich verdursten, da es in ihrer Reichweite keine natürliche Quelle gibt. Trotzdem leben sie wild und sollten nicht gefüttert oder gestreichelt werden.

Ganz in der Nähe liegt die schöne *Klein-Aus Vista Lodge (24 Zi. | Tel. 063 25 80 21 | www.klein-aus-vista.com | €€)* mit acht Chalets *(€€€)*, einer Selbstversorgerhütte *(€)* und einem Campingplatz *(10 Stellplätze)*.

# AUSFLÜGE & TOUREN

Die Touren sind im Reiseatlas, in der Faltkarte und auf dem hinteren Umschlag grün markiert

**1**

### CAMPINGTOUR ZU WASSER

**Der Caprivizipfel ist das wildeste Gebiet Namibias. Doch für Besucheraugen wird dieses Paradies nur an wenigen Stellen und zudem häufig unter großen Strapazen sichtbar. Schlecht ausgeschilderte Pfade durch tiefen Sand, überschwemmte Wege und fehlende Brücken erschweren die Safaris zu Lande. Die bessere Alternative ist eine Tour auf den Lebensadern der Region – vier Tage lang schippert Sie ein Guide auf dem Hausboot über mehr als 300 km den Sambesi und den Chobe entlang.**
Am nächsten kommen Sie der atemberaubenden Wildnis mit einem der beiden Boote von **INSIDER TIPP** *Caprivi*

*Houseboat Safaris* (1 Hippo Road | Katima Mulilo | Tel. 066 68 60 49 | www.caprivihouseboatsafaris.com). Sie sind wesentlich kleiner als die großen Mehrzimmerdampfer anderer Anbieter und kommen so auch in die flachen Nebenarme und ganz dicht an die wildreichen Ufer. Der gehobene Standard konventioneller Hausboote bleibt so natürlich auf der Strecke. Die Schifffahrt wird zum wilden Abenteuer, und als Schlafzimmer dienen zwei Dachzelte auf dem Oberdeck der stabilen Boote. Dennoch ist genügend Platz für Toilette, Dusche, eine kleine Küche mit Kühlschrank und einen Esstisch. Der Komfort entspricht dem einer bequemeren Campingtour mit allem Nützlichen, den Luxus macht die Umgebung aus. Mal legt das Boot auf ei-

## Allein mit der Natur – schippern Sie durch den Caprivizipfel, besuchen Sie Nashörner und reisen Sie an den stürmischen Atlantik

ner winzigen Insel mitten im mächtigen Sambesistrom an, dann wird das Ufer des Chobes zum Nachtlager – Löwengebrüll inklusive. Verpflegung können Sie sich entweder selbst mitnehmen, vorab bestellen oder einfach unterwegs fangen. Riesige Katzenwelse begeben sich mit der Dämmerung auf die Jagd durch den Fluss, und tagsüber gilt es, einen der delikaten **INSIDER TIPP** Nembwes zu überlisten. Gegrillt über dem Lagerfeuer oder über der Glut in der Pfanne gebraten, schmecken die Buntbarsche vorzüglich.

Start der Tour ist **Katima Mulilo → S. 35**, von wo Sie auf dem Sambesi stromabwärts gen Süden schippern. Links liegt Sambia, rechts Namibia, dazwischen staken Fischer mit ihren Einbaumbooten hin und her, kein Grenzbeamter behindert sie bei der Arbeit, auch Landgänge werden toleriert. Eine „relaxte Grenze" nennen die Namibier das. Die Fahrt geht vorbei an kleinen Rundhüttendörfern und riesigen Überschwemmungswiesen. Hinter einem der Schilfgürtel liegt **Schuckmannsburg**, das unter deutscher

Herrschaft Hauptstadt des Caprivizipfels war. Heute stehen hier nur noch ein paar Hütten inmitten des saisonal überfluteten Sumpfs. Vom Wasserstand hängt es ab, wo Sie Ihr Nachtlager aufschlagen: Wenn der Pegel es zulässt, macht der Guide das Hausboot an einer winzigen Sandinsel mitten im Strom fest. Vorsicht: Die flachen Sandbänke und das klare Wasser laden zwar zum Baden ein – Sie sollten aber besser darauf verzichten, denn das nächste Krokodil lauert vielleicht schon.

Die meisten Landtiere stören sich nicht im Geringsten an dem unbekannten Wasserwesen namens Hausboot und erlauben ungewohnte Einblicke aus nächster Nähe in ihr natürliches Verhalten. Am zweiten Tag der Tour können Sie sich davon überzeugen. Über einen schmalen Verbindungskanal biegt das Boot kurz vor der **Kasikili-Insel** in den Chobe ein. Die Insel war einst Gegenstand eines Streits zwischen Botsuana und Namibia, den erst der Internationale Gerichtshof in Den Haag schlichten konnte. Das kleine Eiland liegt nämlich mitten im Chobe,

und weil der tiefste Arm des Flusses, der die Grenze zwischen beiden Ländern definiert, sich mit der Zeit verlagerte, besetzten die Botsuaner den unbewohnten Flecken kurzerhand. Die Richter schlugen Kasikili 1999 tatsächlich Botsuana zu, verfügten aber, dass Tourguides beider Länder sie ansteuern dürfen. In Anbetracht der störrischen, alternden Büffel und Elefanten, die die übersichtliche Insel zu einer Art Seniorenheim für pflanzenfressendes Großwild umfunktioniert haben, ist es aber so oder so ratsamer, einfach langsam vorüberzuschippern. Für einen Landgang bietet sich dagegen ein Besuch in einem der traditionellen Dörfer auf der namibischen Seite an.

Die botsuanische Seite ist auch weiter stromaufwärts die wildere. Wie an der Perlenschnur aufgereiht stehen die Elefanten dort am Fluss. 120 000 der Dickhäuter drängeln sich im **Chobe National Park**. Sie könnten auch einfach durch den Fluss schwimmen, doch auf namibischer Seite leben zu viele Menschen, grasen zu viele Kühe. Elefanten mögen weder Zweibeiner noch deren Nutzvieh,

Elefanten fühlen sich am südlichen Ufer des Chobes auf botsuanischer Seite wohler

und so kommen sie meist nur nachts und schwimmen morgens zurück.

Inzwischen ist auch die Grenze zwischen Namibia und Botsuana „relaxt". Deshalb können Sie nahe dem botsuanischen Ufer entlangfahren, wo hinter jeder Flussschleife eine neue Überraschung wartet. Beobachten Sie Löwenrudel beim Trinken, während sich die Buschkönige auf der Oberfläche des Chobes spiegeln. Selbst scheue Impalas grasen unaufgeregt in ein paar Metern Entfernung, und neben ihnen lausen sich die Paviane. Die beiden Arten leben in dem Gebiet in einer brutalen Symbiose zusammen: Die gut organisierten Affenrudel geben den Antilopen den Schutz ihres durch Späher gesicherten Raubtierwarnsystems, greifen sich dafür aber von Zeit zu Zeit selbst ein Impalajunges. Zur Nachtruhe müssen Sie am namibischen Ufer anlegen. Wenn die Lagerfeuergeschichten in unregelmäßigen Abständen vom Gebrüll der Löwen übertönt werden, ist das aber ohnehin die angenehmere Wahl.

Am nächsten Morgen geht es langsam wieder zurück gen Sambesi. Während

das Boot Katima Mulilo näher kommt, verdichtet sich die Zivilisation langsam, und vielleicht kommen wehmütige Gedanken auf. Die Flüsse des Caprivizipfels vereinnahmen nicht nur die Überschwemmungsflächen des Gebiets, sondern auch die Menschen, die sie besuchen.

## ② NASHORNPIRSCH GEGEN DEN WIND

Dass es im hohen Nordwesten Namibias überhaupt noch Nashörner gibt, grenzt an ein Wunder. Weil Wilderer zu Naturschützern wurden, hat sich der einst extrem dezimierte Bestand heute erholt. Noch immer werden die Tiere allerdings fortlaufend erforscht und bewacht. Eine Patrouille der Schutzorganisation Save the Rhino Trust (SRT) nimmt dazu auch Gäste mit auf einen Halbtagesausflug.

Allein die Anfahrt macht die Tour zum Erlebnis. Ein schwerer Jeep holt Sie am Vortag von der **Palmwag Lodge → S. 52** ab und braucht für die 40 km Strecke zum **Desert Rhino Camp** (Tel. 061 27 45 00 | www.wilderness-safaris.com | €€€) mehr als zwei Stunden. Straßen gibt es keine, nur Spuren in einem unendlich wirkenden Grasmeer, das in der Abendsonne wie mattes Messing glänzt. Menschen bleiben in dieser Wildnis Gast, entsprechend ist das Camp gebaut: aus Holzpfählen und Zeltplanen. „Wir könnten in ein paar Tagen zusammenpacken und bis auf ein paar Löcher im Boden gäbe es keine Zeichen, dass wir jemals hier waren", sagt Elizabeth Parkhouse, eine der Managerinnen. Das kleine, luxuriöse Camp liegt fernab jeglicher Zivilisation. Von hier starten die morgendlichen Patrouillen zu den Nashörnern. Pro Tag suchen die SRT-Ranger lediglich ein Tier,

Spitzmaulnashörner wirken robust, doch im Nordwesten Namibias waren sie lange bedroht

um die Kolosse nicht unnötig oft aufzuscheuchen. Die dabei gewonnenen Daten sind notwendig, um den Bestand zu überwachen und die Gewohnheiten der Nashörner kennenzulernen. Etliche der Tiere wurden bereits in andere Gebiete umgesiedelt. Denn so bullig und massiv sie auch wirken, sie sind hoch sensibel und können durch zu starke Temperaturschwankungen, Wassermangel oder Unterschiede im Futterangebot leicht verenden.

Der Ausflug mit den Rangern gibt einen tiefen Einblick in die Welt der Nashörner. Und die Einnahmen aus dem Tourismus, die dem SRT sowie – über die Abgaben des Camps – auch den Einheimischen zugutekommen, machen das Schutzprojekt überhaupt erst möglich. Der Grundgedanke des Konzepts: Die Menschen müssen erkennen, dass ihnen lebende Nashörner mehr Nutzen bringen als der Profit aus einem gewilderten Horn. Nachdem eine Dürre in den 1980er-Jahren die Viehbestände dezimiert hatte, waren etliche Einheimische zu Wilderern und Wilderergehilfen geworden, oft für einen Bruchteil der Gewinne aus diesem

kriminellen Geschäft. Der SRT und seine Vorläuferorganisationen durchbrachen den Kreislauf, indem sie genau diese Menschen als Wildhüter einstellten und ihnen eine Zukunft gaben.

Inzwischen hat eine jüngere Generation von Rangern die Arbeit übernommen. Noch vor Sonnenaufgang brechen sie auf, ein zweiter Jeep mit Touristen in ihrem Rücken. Es geht vorbei an Antilopen und einer der in dieser rauen Gegend seltenen Giraffen. Doch der Blick der Wildhüter gilt einzig und allein den Spuren der Nashörner im Sand der ausgetrockneten Flussbetten. Ist die Spur aufgenommen, schweifen drei Adleraugenpaare durch die Landschaft. Es dauert nicht lange, da ist ein Tier ausgemacht. Aus 5 km Entfernung sieht es für ungeübte Betrachter selbst durchs Fernglas noch wie ein weiterer Busch am Horizont aus. 20 Jeepminuten später lässt sich das Ziel schon deutlicher erkennen. Nun geht es ohne Auto weiter über die Geröllebene. Immer wieder scharren die Ranger mit dem Fuß eine Staubfahne auf, um die Windrichtung zu bestimmen. Die träge wirkenden Giganten, die sich erfolgreich an das harsche Klima und die knappen Nahrungsvorkommen der Wüste angepasst haben, können zwar nicht gut sehen, aber dafür umso besser riechen – und hören. Leise bewegt sich die Forschungsgruppe mit touristischem Anhang hinter einer kleinen Bergkuppe bis auf etwa 80 m an die Tiere heran. Hinter dem letzten Stein tauchen in einer Senke eine Nashornmutter und ihr Junges auf. Das alte Tier hebt die Nase als hätte es Verdacht geschöpft, die Ohren sind weit aufgestellt. Es ist ein Moment des Herzklopfens, ein Erlebnis so nah und intim, wie es keine Jeepsafari bieten kann – und ein guter Blick hinter die Kulissen des Naturschutzes in Namibia.

### 3 DIE RAUE WESTKÜSTE IN REINFORM

**Lüderitz ist eingekeilt zwischen den unzugänglichen Dünen des Namib-Naukluft National Park und dem Diamantensperrgebiet. Und im Westen tobt der wilde, eiskalte Atlantik. Eine Ecke zum Luftholen bleibt dem Städtchen vor seinen Toren dennoch: die Diamond Coast Recreation Area. Das Erholungsgebiet ist nichts für Wetterfühlige und an den meisten Tagen am besten mit einer gut gefütterten Windjacke zu besuchen. Doch die Tour lohnt sich, weil sie die Ursprünglichkeit der Küste offenbart und obendrein etliche Schätze bereithält. Von Lüderitz aus fahren Sie mit dem PKW – ein normales Straßenmodell genügt bei vorsichtiger Fahrweise für die recht guten Schotterpisten. Die Tour geht über rund 30 km und dauert ca. vier Stunden.** Sie starten am besten in der Lüderitzstraße, der Verlängerung der aus dem Ortszentrum gen Süden bergauf laufenden Bismarckstraße. Nach einem knappen Kilometer führt die Strecke nah an

der **Radford Bay** entlang, in der Sie die Bojen der schwimmenden Austernzucht erspähen können. Es wird für längere Zeit das letzte Anzeichen menschlichen Schaffens sein. Sie folgen der Straße nach Süden und treffen 10 km weiter auf einen Wegweiser nach **Große Bucht**. Dem Versprechen der Beschriftung zum Trotz führt er Sie links ab von der Hauptstrecke an eine recht kleine Bucht. Von hier geht es kurz zu Fuß weiter, gen Norden auf den abgerundeten Gipfeln der letzten Hügel, über die die schroffe Steinwüste an diesem Küstenabschnitt steil in den Atlantik stürzt. Zwischen dem grauen Gestein kämpfen kleine, zartgrüne Pflänzchen gemeinsam mit verwegenen Flechten ums Überleben, im Morgennebel recken sie ihre filigranen Blüten gegen alle Widerstände in den noch nicht ganz so kräftig blasenden Seewind. Stille Fjorde graben sich ins Landesinnere, in deren tiefen Wassern baumähnliche Seepflanzen wachsen und sich Felsenhummer verstecken – eine Langustenart, die die Namibier *crayfish* nennen.

Zurück im Auto fahren sie den Rundkurs nun etwa 5,5 km nach Norden, bis Sie auf ein einsames Hinweisschild zur **Eberlanzhöhle** treffen. Ein kleiner, mit weißen Farbklecksen zwischen hellen Flechten mehr dürftig als deutlich markierter Trampelpfad führt hier in einer rund halbstündigen Wanderung über Stock und Stein zu einer echten Höhle mit Meeresblick und Höhlenbuch – ein wunderbares Versteck vor dem Wind und Inspiration für Abenteurerfantasien.

Nach dem Rückmarsch geht es mit dem Auto weiter nach Norden, links tauchen bei Kilometer 27 die **Guano Bay** mit der von Robben und Pinguinen bevölkerten Insel **Halifax** → S. 109 auf. Wenig später endet Ihre Tour am **Diaz Point** → S. 96 mit einem kleinen Spaziergang zum dortigen Kreuz am stürmischsten Punkt.

# SPORT & AKTIVITÄTEN

**Namibia ist ein klassisches Safariland, doch bei der Fotojagd auf Elefanten, Löwen & Co. hört der Nervenkitzel noch lange nicht auf. Mit abwegigen Sportarten und auf verrückten Wegen erschließt sich der ganze Reiz des Landes – ob auf Skiern, im Angelboot oder im Heißluftballon.**

Die meisten Aktivitäten bereiten auch Anfängern keine Probleme. Bei extremen Wanderungen, tagelangen Ausritten oder Schwimmeinlagen im eiskalten Meer geraten jedoch auch trainierte Sportler bisweilen an ihre Grenzen – Vorsicht ist auch hier besser als übertriebener Ehrgeiz. Das soll Sie aber keinesfalls davon abhalten, neue Freizeitbeschäftigungen kennenzulernen. Am besten eignet sich dafür die Region um Swakop-

mund und Walvis Bay, wo zwischen Meer und Wüste so ziemlich jeder Sport und Ausflug angeboten wird, der in Namibia möglich ist. Hier gehen Sie in die Luft, springen ins kalte Wasser oder gleiten auf dem Sand dahin!

## ANGELN

Gesunde Bestände von Adlerfischen und Kupferhaien machen die Atlantikküste zum Paradies für Angler. Die richtigen Techniken, Köder und Stellen sind jedoch auch hier die halbe Miete. Auf Nummer sicher gehen Sie, wenn Sie auf das Wissen eines Angelguides vertrauen. *Henry Loubser (Swakopmund | Tel. 081 128 06 21 | boatfish@iafrica.com.na)* ist einer der erfahrensten. Draußen auf

**Von wegen Safariland! Namibia können Sie genauso gut aus der Luft, zu Wasser, zu Fuß oder sogar auf Skiern aktiv entdecken**

dem Meer verstehen Rudy und Rainer von *Ocean Adventures (Swakopmund | Tel. 081 124 02 08 | oceanadv@iway.na)* ihr Handwerk bestens – kein Wunder, denn das kleine Familienunternehmen fischt auch kommerziell. Beide Anbieter holen Sie vom Hotel oder an einem telefonisch vereinbarten Treffpunkt ab.

In den Flüssen Nordnamibias lauern kampfstarke Tigerfische und gewaltige Katzenwelse – aber auch Krokodile! Das Angeln vom Ufer ist also mit Vorsicht zu betreiben, die meisten Lodges in Fluss-

nähe im Caprivizipfel bieten jedoch Bootsausflüge an. Eine Angelerlaubnis *(14 N$ pro Monat)* bekommen Sie problemlos beim Fischereiministerium, z. B. in Swakopmund *(Strand Street | Tel. 064 4 10 10 00)* oder Henties Bay *(Industrial Area | Tel. 064 50 03 20)*.

### BALLONFAHREN

Majestätischer als im Heißluftballon kann Fliegen nicht sein. Schwebend und naturgemäß ohne Fahrtwind geht es

Sandboarding in den Dünen – wer braucht schon Schnee, wenn es den Wüstensand gibt?

sachte über Sanddünen oder die Steinwüste hinweg, während unten Springböcke und Menschen gleichermaßen erstaunt hinaufschauen. Über die genaue Route Ihrer Reise entscheidet in erster Linie der Wind. Lourens Potgieter bietet mit *African Adventure Balloons (Tel. 064 40 34 55 | www.africanballoons.com | 2800 N$)* von Swakopmund aus die günstigsten und zudem authentischsten Touren in Namibia an. Bevor Sie in die Luft gehen dürfen, erforscht allerdings ein kleiner Ballon die verschiedenen Luftströmungen. So nah am Atlantik ist das nötig – denn das Gas reicht nicht bis nach Brasilien. Dann aber navigiert Sie der erfahrene Pilot schließlich sicher über die Wüste. Dabei nutzt er in unterschiedlichen Höhen die verschiedenen Windrichtungen. Und zum Abschluss des luftigen Erlebnisses gibt es ein Champagnerfrühstück.

## DUNESKIING & SANDBOARDING

Hin und wieder schneit es sogar in Namibia, doch zum Skifahren reicht die weiße Pracht nicht. Der gebürtige Thüringer Henrik May von **INSIDER TIPP** *Ski Namibia (Swakopmund | Tel. 081 4 72 03 43 | www.ski-namibia.com)* ist daher einfach auf Sand umgestiegen. Seit 2010 hält er den Guinnessbuchrekord für die schnellste Skiabfahrt auf Sand. Für Sie stehen Langlauf oder Abfahrt auf dem Programm, auf Wunsch sind auch mehrtägige Skisafaris durch die Dünen möglich. Auf den Kämmen der Dünen laufen Sie in die Wüste hinein, ohne tief einzusinken. Hin und wieder wird die schweißtreibende Arbeit durch eine rasante Abfahrt belohnt. Auch Anfänger brauchen hier keine Angst zu haben, denn jeder Sturz endet im weichen Sand.

Auch wenn Sie sich lieber auf ein Snowboard stellen, dürfen Sie sich auf dem Sand vergnügen. ⭐ Sandboarding heißt das dann. Den Sport können Sie mit *Dune 7 Sand Boarding (Tel. 081 12776 36 / www.duneseven.com)* an der Düne Sieben bei Walvis Bay ausprobieren. Die „Lords of the Boards" sind allerdings etwas bequemer als die Skifahrer: Die Düne hinauf geht es per Quadbike.

## PARAGLIDING

Die Dünen zwischen Swakopmund und Walvis Bay sind wegen der Thermik ideal für Gleitflüge. Als Schützling von Fluglehrer Mario Oprandi klettern Sie schrittweise immer höher auf die Düne und schwingen sich wieder hinunter. Am Ende steht ein selbstständiger Soloflug von ganz oben. Die anstrengende Übung wird so mit einem erhabenen Meerblick aus der Vogelperspektive belohnt. *Namib Gliding | Swakopmund | Tel. 081 2 08 06 78 | www.namibgliding.com*

## QUADBIKING

Rücksichtslose Alleingänge durch geschütztes und sensibles Terrain haben den Sport in Verruf gebracht. Auf geführten Touren fahren Sie jedoch naturschonend im Gänsemarsch, worunter der Spaßfaktor auf keinen Fall leidet. Die panischen Schreie mancher Teilnehmer auf der Dünenabfahrt potenzieren ihn eher. Erste Adresse für unterhaltsame Ausfahrten ist *Dare Devil Adventures (Longbeach | Tel. 064 22 01 58 | www.daredeviladventures.com)*.
Wenn Sie es etwas ruhiger mögen, aber trotzdem Neues erleben wollen, gehen Sie mit Fanie du Preez von *Kuiseb Delta Adventures (Walvis Bay | Tel. 081 128 25 80 | www.kuisebonline.com)* auf kulturelle und landschaftliche Entde-

ckungstour zu den Topnaar, die im Kuisebdelta ein traditionelles Leben führen.

## SAFARI

Die meisten Parks, allen voran den Etosha National Park, können Sie problemlos mit dem eigenen Wagen erkunden. Vielerorts ist – zumindest außerhalb der Regenzeit – nicht einmal ein Geländewagen nötig. Trotzdem gibt es eine Vielzahl an professionellen Touranbietern, große und kleine, gute und schlechte. Besonders in den Nationalparks hängt die Qualität der geführten Ausfahrten oft stark vom Engagement des einzelnen Guides ab – mit extremen Schwankungen ins Positive wie ins Negative. Fragen Sie, wo immer es möglich ist, andere Urlauber nach ihren Erfahrungen. Abseits der bekannten Touristenziele ist **INSIDER TIPP** ▶ *Spirit of Namibia (Otjiwarongo | Tel. 067 30 48 85 | www.spiritofnamibia.com)* ein guter Anbieter für deutschsprachige Touren zu den weniger bekannten, versteckten Highlights der namibischen Wildnis.

## WANDERN

Durch Naturreservate, die Wüste oder atemberaubende Schluchten führen die oft mehrtägigen Touren. Unterwegs grüßen Sie Antilopen aus der Nähe, lassen Spuren von Hyänen Sie kurz erschrecken oder entzücken Sie verspielte Eidechsen. So harsch die Bedingungen oft sind, so schön sind Namibias Wanderrouten. Festes, bequemes Schuhwerk, große Wasservorräte und gutes Kartenmaterial sollten Sie auf jeden Ausflug mitnehmen. Hervorragende, geführte Wanderungen in einsamer Wildnis und gleichzeitig gute Chancen, viele Tiere zu beobachten, bietet *Turnstone Tours (Otavi | Tel. 064 40 31 23 | www.turnstone-tours.com/mundulea)* im Mundulea Nature Reserve.

# MIT KINDERN UNTERWEGS

Namibia ist ein Abenteuerspielplatz für die ganze Familie. Kindern wird einiges geboten, und meist gibt es für sie sogar reichlich Rabatt. So kinderfreundlich die Namibier aber auch sind, Touren durch ihr Land sind es nicht immer. Große Distanzen im Auto können Strapazen bedeuten. Auch die Gefahren durch Wildtiere sind nicht völlig wegzuwischen, weswegen viele Lodges Kinder unter zwölf Jahren gar nicht zulassen. Für etwas größere Racker kann es allerdings auch der Spaß des Lebens werden, riesige Sanddünen herunterzuspringen oder auf einer Safari wilde Elefanten und Löwen aus nächster Nähe zu beobachten. Es kommt darauf an, wie Sie Ihre Tour planen: Kleine Etappen und viele Aktivitäten machen auch für Erwachsene den Urlaub erholsamer.

### BENNIE'S ENTERTAINMENT PARK
(129 F2) (*∅ E2*)
Papageien, hölzerne Giraffen am großen Schwimmbecken und eine riesige Wasserrutsche: Der Vergnügungspark mit Hotel (*91 Zi. | €*) ist ein Kinderparadies, wie Sie es in Namibia kein zweites Mal finden werden. *Tgl. ab 9 Uhr | Agustus Taanyanda Street | Valombola-Ongwediva | Tel. 065 23 11 00 | www.benniespark.com. na | Eintritt 20 N$, Kinder 10 N$*

### DAAN VILJOEN GAME PARK
(135 E3) (*∅ G7*)
Weil es hier keine gefährlichen Großwildarten gibt, kommen Sie den Tieren in dem kleinen Reservat 20 km westlich von Windhoek ohne Guide und Auto so nahe, wie sonst kaum irgendwo. Die 3 und 9 km langen Wanderrouten sind auch für Kinder locker zu bewältigen. Aber Achtung, die Beschilderung ist teilweise recht gut versteckt! Gnus, Springböcke und Oryxantilopen sind nicht besonders scheu und sorgen für spannende Pirschgänge. Mit etwas Glück sehen Sie sogar Zebras und Giraffen. Ein Restaurant (*tgl. | €€*) und Unterkünfte bietet *Sun Karros Lifestyle Resorts (19 Chalets, 12 Zeltstellplätze | Tel. 061 23 23 93 | www. sunkarros.com.na | €€€*). ☀ Von den höchsten Hügeln haben Sie einen schönen Blick auf Windhoek. *Tgl. 7–18 Uhr | 20 km westl. von Windhoek | Eingang an der C28 | Eintritt 40 N$, 10 N$ fürs Auto*

### KAMELREITEN (134 B3) (*∅ D7*)
Die Sattelhöhe der Wüstenschiffe ist eindrucksvoll. Kamele sind zwar nicht heimisch in Namibia, doch jede Menge Aufregung und kuriose Fotos liefert der an der Leine geführte Ritt allemal. *Tgl. 14–17 Uhr | 12 km außerhalb Swakop-*

**Im größten Sandkasten der Welt – eine Reise nach Namibia kann für Kinder anstrengend sein, ist aber auch ein einmaliges Abenteuer**

munds | ab der B2 ausgeschildert an der D1901 | Tel. 064 40 03 63 | Erwachsene 100 N$, Kinder unter 12 Jahren 50 N$

**INSIDER TIPP MESOSAURUS FOSSIL SITE** (138 C3) (💷 H11)

Über die Fläche der heutigen Farm Spitzkoppe-Ost erstreckte sich vor 250 Mio. Jahren ein weiter See, in dem eine urzeitliche Krokodilart lebte. Einige dieser Mesosaurier versanken nach ihrem Tod im Lehmschlamm und bilden heute Fossilien in den Schieferschichten – hier können sich kleine Paläontologen richtig austoben und auf die Suche nach den Überresten gehen. Die Kombination aus über 5000 Köcherbäumen und unzähligen Dolerittürmchen auf der Farm ist zudem die eindrucksvollste der gesamten Gegend. Die vier Natursteinchalets (€) passen perfekt in die atemberaubende Landschaft. *38 km nordöstl. von Keetmanshoop an der C17 | Tel. 063 22 29 90 | www.mesosaurus.com | geführte Tour 100 N$, Kinder 50 N$*

**SAFARI AUF DEM MEER**
(137 D3) (💷 E12)

Auf der Insel Halifax bei Lüderitz tummeln sich Pinguine und Robben. Wer sie sehen will, muss auf Meeressafari gehen und hat nebenbei gute Chancen, Delphine oder Wale zu sichten. Der Gaffelschoner *Sedina (Tourbeginn 8 Uhr | Tel. 063 20 40 30 | sedina@iafrica.com.na | 300 N$)* ist die Variante mit dem größeren Nostalgiefaktor, setzt aber nur noch an sehr guten Tagen Segel. Günstiger für Kinder ist die Tour auf der **INSIDER TIPP** *Zeepaard (8 Uhr oder nach Vereinbarung | Tel. 081 6 04 28 05 | zeepaardboattours@ gmail.com | 300 N$, mit Austern und Sektfrühstück 400 N$).* Passagiere unter zwölf Jahren fahren kostenlos, Zwölf- bis 16-Jährige zum halben Preis mit. Für Erwachsene kann die Tour um ein frisches Austernmahl erweitert werden, das Kapitän Heiko Metzger vor Ihren Augen aus den Netzfarmen im Atlantik fischt. Beide Schiffe starten von der Waterfront von Lüderitz.

# EVENTS, FESTE & MEHR

Volksfeste haben in Namibia ein großes Problem: Die riesigen Entfernungen in dem dünn besiedelten Land erschweren jede Art von Zusammenkünften ungemein. Wenn die Menschen sich dann aber einmal auf den Weg machen, werden rauschende Feste gefeiert. Der von den deutschstämmigen Namibiern noch immer gepflegte Karneval findet dabei nach und nach auch bei anderen Kulturen Anklang. Dazu kommen einige regionale Feste, die zumeist jeweils den jährlichen Höhepunkt in den kleinen Orten bilden.

Eine Besonderheit gibt es bei den staatlichen Feiertagen: Fällt ein Feiertag auf einen Sonntag, ist der darauffolgende Montag arbeitsfrei. Supermärkte und Restaurants haben jedoch in der Regel auch an Feiertagen geöffnet, dann allerdings verkürzt.

## OFFIZIELLE FEIERTAGE

**1. Jan.** Neujahrstag; **21. März** Independence Day; **Karfreitag**; **Ostermontag**; **1. Mai** Tag der Arbeit; **4. Mai** Cassinga Day; **Christi Himmelfahrt**; **25. Mai** Africa Day; **26. Aug.** Heroes' Day; **10. Dez.** Human Rights Day; **25. und 26. Dez.** Weihnachten

## FESTE

### 21. MÄRZ

▶ *Independence Day:* Der Unabhängigkeitstag wird vor allem in Windhoek alljährlich mit einer Vielzahl von Konzerten gefeiert – sowohl im Stadtzentrum als auch im Township Katutura. Das Angebot reicht vom klassischen Symphoniekonzert bis zu traditionellen afrikanischen Tänzen.

### MÄRZ–SEPTEMBER

▶ *Karneval:* Narrenkappen und Büttenreden prägen auch den namibischen Karneval, das ein oder andere Getränk darf aufgrund der Trockenheit des Landes ebenfalls nicht fehlen. Den Anfang macht der vierwöchige Windhoeker Karneval (WiKa) von Ende März bis Ende April. Nach dem Abschluss mit Heringsessen geht es mit dem Küstenkarneval (KüsKa) in Swakopmund weiter, bis September folgen dann kleinere Feste in Otjiwarongo (Juli), Tsumeb (Juli–August) und Lüderitz (September). Alle zwei Jahre findet zudem der Ostenkarneval (Oska) in dem kleinen Kalahariort Witvlei statt. Und selbst im südafrikanisch geprägten Walvis Bay feierte man nach fast 30 Jahren 2011 erstmals wieder das Narrenfest.

## Wenn, dann richtig! Für ihre Feste nehmen die Namibier weite Strecken auf sich – umso ausgelassener sind die Feierlichkeiten

### APRIL

▶ *Lüderitz Crayfish Festival:* Am letzten Wochenende im April feiert Lüderitz bei Bier, Wein, Musik und selbstverständlich Langusten in allen Zubereitungsformen das Ende der *Crayfish*-Saison.

### JUNI

▶ *Fête de la Musique:* Konzerte gibt es in Namibia immer am Samstag vor oder nach dem internationalen Tag der Musik am 21. Juni. Die größten Veranstaltungen finden in Windhoek und Swakopmund statt.

### AUGUST

▶ *Hererotag:* Alljährlich am vorletzten oder letzten Augustwochenende gedenken die Herero in einem erstaunlich farbenfrohen und ausgelassenen Festumzug in ihrer traditionellen Kapitale Okahandja der Opfer des Völkermords und ihrer verstorbenen Anführer. Der Marsch durch die Stadt ist in erster Linie eine wichtige Zeremonie für die Herero

selbst, aber auch ein authentisches Erlebnis für Gäste, die beim Umzug willkommen sind.

### OKTOBER

▶ *Oktoberfest:* Mit Bratwurst, Bier und Blasmusik wird Windhoek am ersten Oktoberwochenende zu Klein-München. Längst nicht nur die deutschsprachige Gemeinde feiert mit, auch für Besucher aus dem Ausland hat sich das Fest längst zum Highlight entwickelt.

### DEZEMBER

▶ *Swakopmunder Musikwoche:* Seit 1965 bringt die Musikwoche Laien und Profis aus verschiedenen Ländern und Kulturen zum gemeinsamen Lernen und Musizieren in Swakopmund zusammen. Neun bis zehn Tage im Dezember arbeiten die Künstler gemeinsam, ehe die Veranstaltung in eine Reihe öffentlicher Konzerte mündet. Ein einmaliges Klang- und Kulturereignis in der deutsch geprägten Wüstenstadt.

# ICH WAR SCHON DA!

**Drei User aus der MARCO POLO Community verraten ihre Lieblingsplätze und ihre schönsten Erlebnisse**

## RUSTIG TOKO LODGE

Ein magisches Schauspiel der Natur erlebten wir während einer Safarifahrt auf der Farm Rustig, die in der Nähe von Kamanjab liegt. Während es am Horizont bereits regnete, beobachteten wir einen unvergesslichen Sonnenuntergang. Wir übernachteten auf der zur Farm gehörenden Toko Lodge *(www.tokolodge.com)*. Dort wurden wir abends mit leckerem selbst gemachtem Kartoffelsalat verwöhnt. Die Lodge ist ein guter Ausgangspunkt für verschiedene Ausflüge, z. B. in ein Himbadorf im Kaokoland, zu Felsgravuren oder auch in den Etosha National Park. **Tanjastiebing aus Oberaula-Olberode**

## BUSHMAN-WALK

Im Intu Afrika Kalahari Game Reserve nahmen wir an einem Bushman-Walk teil. Die Vorführung der San erfolgte in ihrer eigenen Sprache – einer speziellen Klicksprache, die für unsere europäischen Ohren sehr ungewohnt ist. Die jungen Männer führten uns mit viel Freude und Engagement in ihre Kultur ein. **ReiseResi aus Kornwestheim**

## ERONGO WILDERNESS LODGE

Wir hatten traumhafte Übernachtungen in dieser Lodge *(www.erongowilderness-namibia.com)* in Omaruru. Das Essen war sehr lecker, und vom schönen Speiseraum aus hat man einen wunderbaren Blick auf ein beleuchtetes Wasserloch, das zahlreiche Tiere aufsuchen. **Pesaro aus Maxhütte-Leonberg**

Haben auch Sie etwas Besonderes erlebt oder einen Lieblingsplatz gefunden, den nicht jeder kennt? Gehen Sie einfach auf www.marcopolo.de/mein-tipp

# EIGENE NOTIZEN

# LINKS, BLOGS, APPS & MORE

**LINKS**

▶ www.az.com.na Der Internetauftritt der Allgemeinen Zeitung, Namibias deutschsprachiger Tageszeitung, bietet nicht nur aktuelle Nachrichten aus dem Land, sondern auch Reiseinfos, nützliche Links und ein Forum

▶ www.resafrica.net/namibian-roads Verkehrsnachrichten auf namibische Art: Die Übersicht über gesperrte oder zerstörte Straßen ist besonders nach der Regenzeit sehr sinnvoll, aber leider noch nicht wirklich vollständig oder aktuell

▶ www.namutoni.de/geologen Die Website gibt detaillierte Informationen über die Lebenswege von Hermann Korn und Henno Martin, jenen deutschen Geologen, die aus Angst vor dem Zweiten Weltkrieg nach Namibia kamen und schließlich in die Wüste flohen

▶ www.marcopolo.de/namibia Alles auf einen Blick zu Ihrem Reiseziel: interaktive Karten inklusive Planungsfunktion, Impressionen aus der Community, aktuelle News und Angebote ...

**BLOGS & FOREN**

▶ mp.marcopolo.de/nam1 Die nützliche Website sammelt Blogs von Menschen, die nach Namibia eingewandert sind

▶ www.namibia-forum.ch Hier finden Sie mit Abstand das hilfreichste und umfassendste Forum für Namibiareisende. Sie bekommen viele praktische Infos, z. B. zu Camping, Unterkünften oder Mietwagen, können aber auch Reiseberichte nachlesen. Die zahlreichen namibischen Mitglieder beantworten Fragen in der Regel schnell, und auch Neuigkeiten zu touristischen Themen werden hier zeitnah veröffentlicht

▶ www.afrika-urlaubsreise.de Der umfangreiche Blog beschäftigt sich mit dem südlichen Afrika und legt einen seiner Schwerpunkte auf Namibia. Neben allgemeinen Informationen zu Anreise und Wetter oder zur Geschichte des Landes gibt es Berichte über einzelne Sehenswürdigkeiten

Egal, ob Sie sich auf Ihre Reise vorbereiten oder vor Ort sind: Mit diesen Adressen finden Sie noch mehr Informationen, Videos und Netzwerke, die Ihren Urlaub bereichern. Da manche Adressen extrem lang sind, führt Sie der kürzere mp.marcopolo.de-Code direkt auf die beschriebenen Websites

VIDEOS & STREAMS

▶ mp.marcopolo.de/nam2 Der Clip zeigt verblüffende Bilder vom Skivergnügen mit dem Thüringer Henrik May in den hohen Dünen nahe Swakopmund

▶ mp.marcopolo.de/nam3 Hier wird Ihre Sehnsucht nach Namibia geweckt: In der wunderschönen Dokumentation sind atemberaubende Aufnahmen aus dem gesamten Land zu sehen

▶ mp.marcopolo.de/nam4 André Surén wurde in Namibia geboren und verließ das Land, als er noch ein Kind war. Als Journalist für die Deutsche Welle kehrt er zurück und berichtet, wie sich das Land seit der Unabhängigkeit verändert hat. Seine Gespräche mit unterschiedlichen Menschen geben interessante Einblicke in die namibische Gesellschaft

▶ mp.marcopolo.de/nam5 Stürmt es, ist es klar oder nebelig? Mit den Webcams von Namibia Weather Network können Sie jederzeit live nachsehen. Kameras stehen u. a. in Windhoek, am Strand von Swakopmund, am Cañon Roadhouse beim Fish River Canyon oder an der Kalahari Anib Lodge bei Stampriet

APPS

▶ Wildtiere Namibia Die iPad-App zeigt in über 100 Bildern die vielfältige Fauna Namibias – eine gute Einstimmung auf Ihren Besuch in den Nationalparks

▶ Notruf- und Servicenummern Mit der Anwendung, die für verschiedene Smartphones und Tabletcomputer verfügbar ist, können Sie nach nützlichen Telefonnummern suchen, u. a. von Werkstätten oder Ärzten

NETWORK

▶ www.couchsurfing.org Spannende, authentische Alternative zum Lodgeleben: Namibier bieten ihre Couch zur kostenlosen Übernachtung an

▶ mp.marcopolo.de/nam6 Hier werden Nachrichten über den Schutz der Rhinozerosse, nicht nur in Namibia, getwittert

▶ mp.marcopolo.de/nam7 In der Facebookgruppe stellt sich eine von Einwohnern organisierte Suppenküche im Township Katutura vor. Wenn Sie die Seite besuchen möchten, müssen Sie auf Facebook angemeldet sein

# PRAKTISCHE HINWEISE

## ANREISE

✈ Air Namibia fliegt von Frankfurt direkt nach Windhoek. South African Airways bietet mehr Komfort, aber wegen des Umwegs über Johannesburg ist die Reisezeit etwas länger. In der Regel günstigster Anbieter ist Air Berlin; die Gesellschaft fliegt je nach Saison ein- bis zweimal wöchentlich direkt von München nach Windhoek.

## AUSKUNFT

Im Land sind die örtlichen Touristeninformationsbüros am hilfreichsten. Wenn es in einem Ort ein solches Angebot gibt, finden Sie die Adresse in diesem Reiseführer jeweils unter der Rubrik Auskunft.

Namibia Wildlife Resorts (NWR), der Tourismusflügel des namibischen Ministeriums für Umwelt und Tourismus (MET), ist zuständig für den Fremdenverkehr in den Nationalparks, insbesondere für Unterkünfte und geführte Touren. Ein Anruf beim Hauptbüro in Windhoek ist allerdings oft wenig hilfreich. Um Übernachtungen und Touren zu buchen, kontaktieren Sie besser die Büros in Swakopmund *(Bismarck Street | Tel. 064 40 21 72 | sw.bookings@nwr.com.na)* oder Kapstadt *(Pinnacle Building, Ground Floor, Burg Street | +27 21 4 22 37 61 | ct.bookings@nwr.com.na).*
Vor Reiseantritt bietet das *Namibia Tourism Board (Schillerstraße 42–44 | 60313 Frankfurt | Tel. 069 13 37 3 60 | www. namibia-tourism.com)* einen guten und schnellen Service.

## GRÜN & FAIR REISEN

Auf Reisen können auch Sie mit einfachen Mitteln viel bewirken. Behalten Sie nicht nur die $CO_2$-Bilanz für Hin- und Rückflug im Hinterkopf *(www.atmosfair.de)*, sondern achten und schützen Sie auch nachhaltig Natur und Kultur im Reiseland *(www. gate-tourismus.de; www.zukunft-reisen.de; www.ecotrans.de)*. Gerade als Tourist ist es wichtig, auf Aspekte zu achten wie Naturschutz *(www. nabu.de; www.wwf.de)*, regionale Produkte, Fahrradfahren (statt Autofahren), Wassersparen und vieles mehr. Wenn Sie mehr über ökologischen Tourismus erfahren wollen: europaweit *www.oete.de*; weltweit *www.germanwatch.org*

## AUTO & VERKEHR

In Namibia herrscht Linksverkehr. Innerorts gilt ein Tempolimit von 60 km/h, außerorts sind es auf Asphaltstraßen 120 km/h, soweit nicht anders angegeben. Auf nicht geteerten Straßen sind die erlaubten Geschwindigkeiten meist geringer. Geschwindigkeitsübertretungen werden mit empfindlichen Strafen geahndet, so kosten 126 km/h bei erlaubten 120 km/h 1000 Namibia-Dollar. Auch bei Stoppschildern wird penibel darauf geachtet, dass Sie an der dafür gezogenen Linie halten. Das gilt insbesondere an Polizeikontrollpunkten – selbst wenn der Beamte 5 m dahinter steht! Wenn ein Stoppschild einen Zusatz in Form einer roten Drei oder Vier hat, treffen gleichrangige Straßen aufeinander. Wer zuerst steht, darf zuerst weiterfahren.

# Von Anreise bis Zoll

**Urlaub von Anfang bis Ende: die wichtigsten Adressen und Informationen für Ihre Namibiareise**

Achtung vor Schlaglöchern und auch vor Tieren – Wild und Nutzvieh tauchen unberechenbar auf der Fahrbahn auf. Eine Besonderheit sollten Sie in Namibia noch beachten: Nebenstraßen verlaufen mitunter über riesige Farmen, die Sie durchqueren dürfen. Ihre Grenzen sind durch Metallrollen oder feste Tore markiert – Letztere bitte wieder schließen.

## BANKEN & KREDITKARTEN

Wechselstuben sind in ländlichen Gebieten rar, Geldautomaten finden sich jedoch häufig. Kreditkarten werden auf dem Land nicht überall akzeptiert. Um nicht mit viel Bargeld reisen zu müssen und Wechselgebühren zu sparen, lohnt es sich, wenn Sie vor der Reise ein Konto bei einer deutschen Direktbank eröffnen. Mehrere dieser Institute bieten kostenfreie Abhebungen im Ausland an.

## DIPLOMATISCHE VERTRETUNGEN

**BOTSCHAFT DER BUNDESREPUBLIK DEUTSCHLAND**
*Sanlam Centre, 6. Etage | 154 Independence Avenue | Windhoek | Tel. 061 273100, Notfallservice 081 124 35 72 | www.windhuk.diplo.de*

**ÖSTERREICHISCHES HONORARKONSULAT**
*Schäfer Straße 5 | Windhoek | Tel. 061 22 2159 | hgk.windhoek@gmail.com*

**SCHWEIZER GENERALKONSULAT**
*Independence Avenue 175, Gathemann Building | Windhoek | Tel. 061 22 38 53 | windhoek@honrep.ch*

## EINREISE

Für Urlaubsaufenthalte von bis zu 90 Tagen benötigen Deutsche, Österreicher und Schweizer kein Visum, sondern lediglich einen Reisepass, der nach Reiseende noch mindestens sechs Monate gültig sein muss. Am Flughafen müssen

## WAS KOSTET WIE VIEL?

| | |
|---|---|
| **Kaffee** | 1–2,50 Euro *für eine Tasse* |
| **Bier** | 1–2 Euro *für eine kleine Flasche (340 ml) an der Bar* |
| **Steak** | 7–9 Euro *für 1 kg Steak vom Rind* |
| **Benzin** | 0,90 Euro *für 1 l Super* |
| **Souvenir** | 5–20 Euro *für ein kleines Kunsthandwerkssouvenir* |
| **Tour** | 40–100 Euro *für eine geführte Tagestour* |

Sie dann nur ein kleines Einreiseformular ausfüllen. Kontrollieren Sie nach dem Abstempeln unbedingt die korrekte Eintragung in Ihrem Pass!

## FOTOGRAFIEREN

Bitten Sie um Erlaubnis, bevor Sie ein Bild von jemandem machen. Menschen, die sich fotografieren lassen, freuen sich in der Regel, wenn sie das Bild auch zu Gesicht bekommen. Wird Geld verlangt, sollten Sie von einem Foto absehen.

In ländlichen Gegenden gibt es oft keine oder nur sehr billige, schwache Batterien. Nehmen Sie also Vorräte mit.

## GESUNDHEIT

Insbesondere im Norden ist eine Malariaprophylaxe ratsam. Welche für Sie die beste ist, weiß in der Regel Ihr Hausarzt. Sollte der sich nicht sicher sein, fragen Sie beim Tropeninstitut nach. Besondere Impfungen sind nicht nötig. Ein Schutz gegen Hepatitis C und Tollwut ist erwägenswert, aber bei vorsichtigem Verhalten nicht zwingend nötig. Im Krankheitsfall fragen Sie in Ihrer Unterkunft nach empfehlenswerten Ärzten oder dem nächsten Krankenhaus. Der Standard ist zumindest in den privaten Kliniken sehr gut, außerhalb der Städte ist die nächste jedoch oft Hunderte Kilometer entfernt. Eine kleine Reiseapotheke mit Medikamenten gegen Schmerzen und Durchfallerkrankungen sollten Sie daher auf jeden Fall mitführen.

Das Leitungswasser ist in der Regel trinkbar, kommt in entlegenen Regionen aber mitunter aus Flüssen oder Brunnen und sollte für sensible Mägen besser durch Mineralwasser ersetzt werden.

Besonders wichtig in Namibia sind ausreichender Mücken- und Sonnenschutz sowie bei Wanderungen festes, geschlossenes Schuhwerk. Bei der Suche nach

# BÜCHER & FILME

▶ **Wenn es Krieg gibt, gehen wir in die Wüste** – Henno Martin, einer der beiden deutschen Geologen, die sich während des Zweiten Weltkriegs in der Wüste versteckten, verarbeitete in dem Bericht seine Tagebuchaufzeichnungen aus den Jahren 1941/42. Das mitreißende Buch erzählt von den Wundern und Widrigkeiten des Lebens am Rand der Namib und gibt Einblick in die tiefen Gedanken zur menschlichen Existenz, die in dieser Gegend reifen können

▶ **Die „DDR-Kinder" von Namibia – Heimkehrer in ein fremdes Land** – Constance Kenna schildert in wissenschaftlicher Sachlichkeit die Geschichte der Swapo-Kinder, die in der DDR Zuflucht vor dem Krieg fanden, und lässt sie auch selbst zu Wort kommen

▶ **Morenga** – In seinem historischen Roman beschreibt Uwe Timm in einer Mischung aus spannender Erzählung und dokumentarischer Genauigkeit die Zeit der Nama- und Hereroaufstände um 1904 – und den vernichtenden Feldzug der deutschen Schutztruppe gegen die Einheimischen

▶ **Diamanten im Sand** – August Stauch war ein einfacher Bahnmeister in der Wüste – bis zum April 1908. Als ihm der Arbeiter Zacharias Lewala den ersten Diamanten Namibias brachte, veränderten sich Stauchs Leben und das Land selbst. Olga Levinsons Buch erzählt die Geschichte des Mannes und die des Diamantenbooms

▶ **Namibia – Was heißt denn hier deutsch?** – Die schön umgesetzte Dokureihe (2006) des ehemaligen ZDF-Nachrichtenredakteurs Wolf von Lojewski beschäftigt sich mit dem Land und seinen deutschen Einflüssen

Feuerholz droht Gefahr von Schlangen und Skorpionen, greifen Sie deshalb lieber auf abgepackte Ware aus Tankstellen, Supermärkten oder von Campingplätzen zurück.

## INTERNETZUGANG & WLAN

Auch in Namibia gibt es inzwischen kaum noch Orte ohne Internetzugang. Vor allem Lodges und Gästehäuser statten sich verstärkt mit der entsprechenden Technik aus, oft haben auch die Informationszentren einen PC für Gäste. Das Surfen ist aber vielfach nicht ganz billig, wer häufiger ins Netz muss und auf den eigenen Laptop zurückgreifen kann, sollte sich deshalb für 350 Namibia-Dollar einen Netman-Stick zulegen. Das Downloadpaket von 500 MB reicht für den ganzen Urlaub, eine Verbindung – wenn auch mitunter eine sehr langsame – bekommen Sie fast überall, wo es auch Telefonempfang gibt. Den Stick gibt es in den Filialen des Mobilfunkanbieters MTC, z. B. in der Ankunftshalle am Flughafen in Windhoek. Der Festnetzanbieter Telecom Namibia verfügt über ein Netzwerk von WLAN-Hotspots, auf die Sie mit einer zeitlich begrenzten Guthabenkarte (in der Regel erhältlich an der Rezeption des Hotels, in dem die Zone eingerichtet ist) zugreifen können. Das Netz ist jedoch bisher nicht annähernd flächendeckend.

## KLIMA & REISEZEIT

Sie können Namibia ganzjährig besuchen. Hauptsaison ist von August bis Dezember. Während der sommerlichen Regenzeit, die von Januar bis in den Mai hinein reichen kann, werden die Straßen bisweilen zwar unberechenbar, dafür blüht dann mitunter die Wüste. Im Winter, von Mai bis August, kann es empfindlich kalt werden.

## MEDIEN

Das Fernsehprogramm ist stark südafrikanisch geprägt und nicht gerade hochklassig. Lokale Hörfunksender und Zeitungen gibt es auch auf Deutsch.

## MIETWAGEN

Weil es nur wenige öffentliche Verkehrsmittel gibt, führt kaum ein Weg am Mietwagen vorbei. Fahrzeuge von international bekannten Anbietern sind in der Regel teurer als in Südafrika. Bei kombinierten Reisen bietet es sich daher an, ein Auto im Nachbarland auszuleihen. Ausnahmen sind kleine Vermietungen in Namibia, die oft auch ältere Modelle haben und günstigere Tarife bieten. Insbesondere während und nach der

## WÄHRUNGSRECHNER

| €  | N$     | N$ | €    |
|----|--------|----|------|
| 1  | 10,17  | 10 | 0,96 |
| 2  | 20,35  | 20 | 1,92 |
| 3  | 30,52  | 25 | 2,40 |
| 4  | 40,69  | 30 | 2,88 |
| 5  | 50,87  | 40 | 3,84 |
| 7  | 71,21  | 50 | 4,79 |
| 8  | 81,39  | 70 | 6,71 |
| 9  | 91,56  | 80 | 7,67 |
| 10 | 101,73 | 90 | 8,63 |

Regenzeit sollten Sie ein Allradfahrzeug wählen und auch sonst auf viel Unterbodenfreiheit achten, da viele Straßen sandig, schlammig oder extrem uneben sind.

## NOTRUF

*Landesweit 10111, bei Überfällen in Windhoeks Innenstadt auch unter 061 2 90 22 39*

## SICHERHEIT

Namibia ist sicherer als der große Nachbar Südafrika, trotzdem sollten Sie einige Grundregeln beherzigen: Touren zu Fuß durch Townships sollten Sie nur mit ortskundigem Guide unternehmen – so erschließt sich die dortige Kultur ohnehin wesentlich besser. In den Innenstädten steigt nach Geschäftsschluss das ansonsten eher geringe Risiko von Diebstählen und Raubüberfällen. Bewegen Sie sich deshalb zu diesen Zeiten besser im Auto oder Taxi.

## STEUERERSTATTUNG

Gegen Vorlage des Kassenzettels (mit Steuernummer!) und der eingekauften Ware können sich Ausländer bei der Ausreise die Mehrwertsteuer von 15 Prozent erstatten lassen – z. B. im VAT Refund Office am Flughafen in Windhoek. Die Auszahlung erfolgt entweder in bar oder mit Scheck.

## STROM

Die Netzspannung beträgt 220–230 Volt. Häufig benötigen Sie einen dreipoligen Stecker. Adapter gibt es in Supermärkten vor Ort, allerdings passt ein runder, zweipoliger Stecker nicht immer hinein.

## TELEFON & HANDY

Mobilfunkempfang gibt es in Städten und deren Umgebung sowie auf dem Land unregelmäßig in der Nähe kleiner Dörfer. Beste Option ist eine Prepaidkarte von MTC-Tango: Sie kostet nur 10 Namibia-Dollar, Guthaben können Sie überall in Supermärkten, an Tankstellen und teilweise sogar von fliegen-

# WETTER IN WINDHOEK

|  | Jan. | Feb. | März | April | Mai | Juni | Juli | Aug. | Sept. | Okt. | Nov. | Dez. |
|---|---|---|---|---|---|---|---|---|---|---|---|---|
| Tagestemperaturen in °C | 30 | 29 | 27 | 25 | 22 | 20 | 20 | 23 | 25 | 29 | 29 | 30 |
| Nachttemperaturen in °C | 17 | 16 | 15 | 13 | 9 | 7 | 6 | 9 | 11 | 15 | 15 | 17 |
| Sonnenschein Stunden/Tag | 9 | 8 | 8 | 10 | 10 | 10 | 10 | 11 | 10 | 10 | 10 | 10 |
| Niederschlag Tage/Monat | 8 | 8 | 8 | 4 | 1 | 0 | 0 | 0 | 0 | 2 | 3 | 6 |

den Händlern kaufen. Achtung: Manche Handys erkennen die Einstellungen für SMS-Versand in und aus Namibia nicht, ein Handygeschäft kann das Problem aber meist beheben.

Wenn Sie nach Hause telefonieren, geben Sie die Landesvorwahl mit einem Plus und nicht mit zwei Nullen ein, also für Deutschland +49, Österreich +43 und die Schweiz +41. Namibias Landesvorwahl lautet +264.

## TRINKGELD

Im Restaurant sind zehn Prozent üblich, in der Unterkunft wandern 20 bis 50 Namibia-Dollar in die *tip box* an der Rezeption, bei längeren Aufenthalten darf es auch etwas mehr sein. Der Parkplatzwächter bekommt je nach Parkdauer 1 bis 4 Namibia-Dollar.

## WÄHRUNG

Der namibische Dollar (N$) ist an den südafrikanischen Rand (ZAR) gebunden, der in Namibia (mit Ausnahme der 200-Rand-Note) auch überall anerkannt wird. Umgekehrt können Sie aber in Südafrika nicht mit Namibia-Dollar bezahlen. 1 Namibia-Dollar unterteilt sich in 100 Cent, Münzen gibt es im Wert von 5, 10 und 50 Cent, 1 und 5 Namibia-Dollar, Scheine zu 10, 20, 50, 100 und 200 Namibia-Dollar.

## ZEIT

Seit der Unabhängigkeit hat Namibia eine Sommerzeit. Am ersten Sonntag im September werden die Uhren von 2 auf 3 Uhr vorgestellt, am ersten Sonntag im April werden sie wieder zurückgestellt. Insbesondere im Caprivizipfel wird die Sommerzeit jedoch größtenteils ignoriert, mitunter halten sich aber auch einzelne Menschen in anderen, meist ländlichen Regionen nicht daran.

Weil die Zeitumstellung in Deutschland nicht zeitgleich stattfindet, gibt es Ende März/Anfang April und von Anfang September bis Ende Oktober keinen Zeitunterschied zu Deutschland. Im deutschen Sommer hinkt Namibia dann eine Stunde hinterher, im deutschen Winter ist es eine Stunde voraus.

## ZOLL

Bei der Einreise sind persönliche Gebrauchsgegenstände zollfrei, ebenso andere Mitbringsel im Wert von bis zu 2000 Namibia-Dollar. Dazu zählen auch 1 l Spirituosen, 2 l Wein und 400 Zigaretten. Bei Rückreise in die EU dürfen Sie u. a. 200 Zigaretten, 2 l Alkohol unter 22 Prozent oder 1 l hochprozentige Spirituosen sowie weitere Waren im Wert von 430 Euro zollfrei einführen. Weitere Informationen finden Sie unter *www.zoll.de*. Für die Ausfuhr von Halbedelsteinen und Diamanten aus Namibia ist eine Erlaubnis erforderlich, die in der Regel der Händler ausstellt. Beachten Sie beim Einkauf von Tierprodukten die Richtlinien des Washingtoner Artenschutzabkommens. Selbst eine Ausfuhrgenehmigung Namibias bedeutet nicht automatisch eine Einfuhrgenehmigung durch den deutschen Zoll. Unter das Abkommen fallen sämtliche Felle von Raubkatzen – seriöse Geschäfte bieten sie jedoch ohnehin nicht an. Teilweise wird in Namibia jedoch noch Elfenbeinschmuck verkauft, der generell nicht in die EU eingeführt werden darf. Für Krokodillederwaren gibt es beim Händler eine Bescheinigung, dass die Tiere aus einer Zucht stammen – nur wenn der Beleg vorliegt, dürfen sie mitgenommen werden. Eine ausführliche Übersicht gibt es unter *www. artenschutz-online.de*.

# SPRACHFÜHRER ENGLISCH

## AUSSPRACHE

Zur Erleichterung der Aussprache sind alle englischen Wörter mit einer einfachen Aussprache (in eckigen Klammern) versehen. Folgende Zeichen sind Sonderzeichen:

θ    hartes [s] (gesprochen mit Zungenspitze an der oberen Zahnreihe, zischend)

D    weiches [s] (gesprochen mit Zungenspitze an der oberen Zahnreihe, summend)

'    nachfolgende Silbe wird betont

ə    angedeutetes [e] (wie in „Bitte")

### AUF EINEN BLICK

| | |
|---|---|
| ja/nein/vielleicht | yes [jäs]/no [nəu]/maybe [mäibi] |
| bitte/danke | please [plihs]/thank you [θänkju] |
| Entschuldige! | Sorry! [Sori] |
| Entschuldigen Sie! | Excuse me! [Iks'kjuhs mi] |
| Darf ich ...?/Wie bitte? | May I ...? [mäi ai ...?]/Pardon? [ˌpahdn?] |
| Ich möchte .../Haben Sie ...? | I would like to ...[ai wudd 'laik tə ...]/ Have you got ...? ['Həw ju got ...?] |
| Wie viel kostet ...? | How much is ...? ['hau matsch is ...] |
| Das gefällt mir (nicht). | I (don't) like this. [Ai (dəunt) laik Dis] |
| gut/schlecht | good [gud]/bad [bäd] |
| offen/geschlossen | open ['oupän]/closed ['klousd] |
| kaputt/funktioniert nicht | broken ['brəukən]/doesn't work ['dasənd wörk] |
| Hilfe!/Achtung!/Vorsicht! | Help! [hälp]/ Caution! ['koschən] |

### BEGRÜSSUNG & ABSCHIED

| | |
|---|---|
| Guten Morgen!/Tag! | Good morning! [gud 'mohning]/ afternoon! [aftə'nuhn] |
| Gute(n) Abend!/Nacht! | Good evening! [gud 'ihwning]/night! [nait] |
| Hallo!/Auf Wiedersehen! | Hello! [hə'ləu]/Goodbye! [gud'bai] |
| Tschüss! | Bye! [bai] |
| Ich heiße ... | My name is ... [mai näim is ...] |
| Wie heißen Sie/heißt Du? | What's your name? [wots jur näim?] |
| Wie geht es Ihnen (heute)? | How are you (today)? [hau ah ju (tudäi)?] |

# Do you speak English?

„Sprichst du Englisch?" Dieser Sprachführer hilft Ihnen, die wichtigsten Wörter und Sätze auf Englisch zu sagen

## DATUMS- & ZEITANGABEN

| | |
|---|---|
| Montag/Dienstag | monday ['mandäi]/tuesday ['tjuhsdäi] |
| Mittwoch/Donnerstag | wednesday ['wänsdäi]/thursday ['θöhsdäi] |
| Freitag/Samstag | friday ['fraidäi]/saturday ['sätərdäi] |
| Sonntag/Werktag | sunday ['sandäi]/weekday ['wihkdäi] |
| Feiertag | holiday ['holidäi] |
| heute/morgen/gestern | today [tə'däi]/tomorrow [tə'moreu]/yesterday ['jästədäi] |
| Stunde/Minute | hour ['auər]/minutes ['minəts] |
| Tag/Nacht/Woche | day [däi]/night [nait]/week [wihk] |
| Monat/Jahr | month [manθ]/year [jiər] |
| Wie viel Uhr ist es? | What time is it? [wot 'taim is it?] |
| Es ist drei Uhr. | It's three o'clock. [its θrih əklok] |

## UNTERWEGS

| | |
|---|---|
| links/rechts | left [läft]/right [rait] |
| geradeaus/zurück | straight ahead [streit ə'hät]/back [bäk] |
| nah/weit | near [niə]/far [fahr] |
| Eingang/Einfahrt | entrance ['äntrənts]/driveway ['draifwäi] |
| Ausgang/Ausfahrt | exit [ägsit]/exit [ägsit] |
| Abfahrt/Abflug/Ankunft | departure [dih'pahtschə]/departure [dih'pahtschə]/arrival [ə'raiwəl] |
| Darf ich Sie fotografieren? | May I take a picture of you? [mäi ai täik ə 'piktscha of ju?] |
| Wo ist ...?/Wo sind ...? | Where is ...? ['weə is...?]/Where are ...? ['weə ahr ...?] |
| Toiletten/Damen/Herren | toilets ['toilət] (auch: restrooms [restruhms])/ladies ['läidihs]/gentlemen ['dschäntlmən] |
| Bus | bus [bas] |
| Taxi | taxi ['tägsi] |
| Parkplatz/Parkhaus | parking place ['pahking pläis]/car park ['kahr pahk] |
| Stadtplan/(Land-)Karte | street map [striht mäp]/map [mäp] |
| Bahnhof/Hafen | (train) station [(träin) stäischən]/harbour [hahbə] |
| Flughafen | airport ['eəpohrt] |
| Fahrplan/Fahrschein | schedule ['skädjuhl]/ticket ['tikət] |
| Zug/Gleis | train [träin]/track [träk] |
| einfach/hin und zurück | single ['singəl]/return [ri'törn] |
| Ich möchte ... mieten. | I would like to rent ... [Ai wud laik tə ränt ...] |
| ein Auto/ein Fahrrad | a car [ə kahr]/a bicycle [ə 'baisikl] |
| Tankstelle | petrol station ['pätrol stäischən] |
| Benzin/Diesel | petrol ['pätrəl]/diesel ['dihsəl] |
| Panne/Werkstatt | breakdown [bräikdaun]/garage ['gärasch] |

## ESSEN & TRINKEN

| | |
|---|---|
| Reservieren Sie uns bitte für heute Abend einen Tisch für vier Personen. | Could you please book a table for tonight for four? [kudd juh 'plihs buck ə 'täibəl for tunait for fohr?] |
| Die Speisekarte, bitte. | The menue, please. [Də 'mänjuh plihs] |
| Könnte ich bitte ... haben? | May I have ...? [mäi ai häw ...?] |
| Messer/Gabel/Löffel | knife [naif]/fork [fohrk]/spoon [spuhn] |
| Salz/Pfeffer/Zucker | salt [sohlt]/pepper ['päppə]/sugar ['schuggə] |
| Essig/Öl | vinegar ['viniga]/oil [oil] |
| Milch/Sahne/Zitrone | milk [milk]/cream [krihm]/lemon ['lämən] |
| mit/ohne Eis/Kohlensäure | with [wiD]/without ice [wiD'aut ais]/gas [gäs] |
| Vegetarier(in)/Allergie | vegetarian [wätschə'täriən]/allergy ['ällədschi] |
| Ich möchte zahlen, bitte. | May I have the bill, please? [mäi ai häw De bill plihs] |
| Rechnung/Quittung | invoice ['inwois]/receipt [ri'ssiht] |

## EINKAUFEN

| | |
|---|---|
| Wo finde ich ...? | Where can I find ...? [weə kän ai faind ...?] |
| Ich möchte .../Ich suche ... | I would like to ... [ai wudd laik tu]/I'm looking for ... [aim luckin foə] |
| Brennen Sie Fotos auf CD? | Do you burn photos on CD? [Du ju börn 'fəutəus on cidi?] |
| Apotheke/Drogerie | pharmacy ['farməssi]/chemist ['kemist] |
| Bäckerei/Markt | bakery ['bäikəri]/market ['mahkit] |
| Lebensmittelgeschäft | grocery ['grəuscheri] |
| Supermarkt | supermarket ['sjupəmahkət] |
| 100 Gramm/1 Kilo | 100 gram [won 'hɑndrəd gräm]/1 kilo [won kiləu] |
| teuer/billig/Preis | expensive [iks'pänsif]/cheap [tschihp]/price [prais] |
| mehr/weniger | more [mor]/less [läss] |
| aus biologischem Anbau | organic [or'gännik] |

## ÜBERNACHTEN

| | |
|---|---|
| Ich habe ein Zimmer reserviert. | I have booked a room. [ai häw buckt ə ruhm] |
| Haben Sie noch ...? | Do you have any ... left? [du ju häf änni ... läft?] |
| Einzelzimmer | single room ['singəl ruhm] |
| Doppelzimmer | double room ['dabbəl ruhm] (Bei zwei Einzelbetten: twin room ['twinn ruhm]) |
| Frühstück/Halbpension | breakfast ['bräckfəst]/half-board ['hahf boəd] |
| Vollpension | full-board [full boəd] |
| Dusche/Bad | shower ['schauər]/bath [bahθ] |
| Balkon/Terrasse | balcony ['bälkəni]/terrace ['tärräs] |
| Schlüssel/Zimmerkarte | key [ki]/room card ['ruhm kahd] |
| Gepäck/Koffer/Tasche | luggage ['laggətsch]/ suitcase ['sjutkäis]/bag [bäg] |

## BANKEN & GELD

| | |
|---|---|
| Bank/Geldautomat | bank [bänk]/ATM [äi ti äm]/cash machine ['käschməschin] |
| Geheimzahl | pin [pin] |
| Ich möchte ... Euro wechseln. | I'd like to change ... Euro. [aid laik tu tschäindsch ... iuhro] |
| bar/ec-Karte/Kreditkarte | cash [käsch]/ATM card [äi ti äm kahrd]/credit card [krädit kahrd] |
| Banknote/Münze | note [nout]/coin [koin] |
| Wechselgeld | change [tschäindsch] |

## TELEKOMMUNIKATION & MEDIEN

| | |
|---|---|
| Ich suche eine Prepaid-karte. | I'm looking for a prepaid card. [aim 'lucking fohr ə 'pripäid kahd] |
| Wo finde ich einen Internetzugang? | Where can I find internet access? [wär känn ai faind 'internet 'äkzäss?] |
| Brauche ich eine spezielle Vorwahl? | Do I need a special area code? [du ai nihd ə 'späschəl 'äria koud?] |
| Computer/Batterie/Akku | computer [komp'jutə]/battery ['bättəri]/recharge-able battery [ri'tschahdschəbəl 'bättəri] |
| At-Zeichen („Klammeraffe") | at symbol [ät 'simbəl] |
| Internetanschluss/WLAN | internet connection ['internet kə'näktschən]/Wifi [waifai] (auch: Wireless LAN ['waərläss lan]) |
| E-Mail/Datei/ausdrucken | email ['imäil]/file [fail]/ print [print] |

## ZAHLEN

| | | | | |
|---|---|---|---|---|
| 0 | zero ['sirou] | | 18 | eighteen [äi'tihn] |
| 1 | one [wan] | | 19 | nineteen [nain'tihn] |
| 2 | two [tuh] | | 20 | twenty ['twänti] |
| 3 | three [θri] | | 21 | twenty-one ['twänti 'wan] |
| 4 | four [fohr] | | 30 | thirty [θör'ti] |
| 5 | five [faiw] | | 40 | fourty [fohr'ti] |
| 6 | six [siks] | | 50 | fifty [fif'ti] |
| 7 | seven ['säwən] | | 60 | sixty [siks'ti] |
| 8 | eight [äit] | | 70 | seventy ['säwənti] |
| 9 | nine [nain] | | 80 | eighty ['äiti] |
| 10 | ten [tän] | | 90 | ninety ['nainti] |
| 11 | eleven [i'läwn] | | 100 | (one) hundred [('wan) 'handrəd] |
| 12 | twelve [twälw] | | 200 | two hundred ['tuh 'handrəd] |
| 13 | thirteen [θör'tihn] | | 1000 | (one) thousand [('wan) θausənd] |
| 14 | fourteen [fohr'tihn] | | 2000 | two thousand ['tuh θausənd] |
| 15 | fifteen [fif'tihn] | | 10000 | ten thousand ['tän θausənd] |
| 16 | sixteen [siks'tihn] | | 1/2 | a/one half [ə/wan 'hahf] |
| 17 | seventeen ['säwəntihn] | | 1/4 | a/one quarter [ə/wan 'kwohtə] |

# REISEATLAS

Die grüne Linie ▬▬ zeichnet den Verlauf der Ausflüge & Touren nach
Die blaue Linie ▬▬ zeichnet den Verlauf der Perfekten Route nach

Der Gesamtverlauf aller Touren ist auch in
der herausnehmbaren Faltkarte eingetragen

# Unterwegs in Namibia

Die Seiteneinteilung für den Reiseatlas finden Sie
auf dem hinteren Umschlag dieses Reiseführers

A　B　C

1　Foz do Cunene　Namibe

Serra Cafema
2042

Okotusu

Otjinhungwa

Otjihipa Mts.

Oua...
Monte Negro

Baynes Mts.

Epupe Falls

Otjihandjavero

Ondova
2074

Otjijanjasemo

Chitado

A

Kunene River Lodge

1718

Ondorus Falls

1868
Ehomba

Omt

Etengua

Otjitanda

Etorohaberge
1964

Epembe

Ouhandjo

1604

Steilrandberge

Omukurukaze

2　305

Omatjenguma

Munutum

Orupemba

1762

Tönnesenberge

Otju

Okongomba

1419

Opuwo

Okorosave

Oruhito
1866

Angra Fria

Cape Fria

Nadas

Sechomib

Khumib

Hoanib

1342

Ontango
C43

Schwarze Kuppen

Robbies Pass

Otjikondavirongo

3　Rocky Point

Purros

Tomakas

1676

Sesfontein

Warmquelle

Old German Fort

Möwe Bay

Hoanib

4　371

1554

Hunkab

Khaias

Palmwag

Terrace Bay

Terrace Bay

2

5　200

ATLANTIC

Torra Bay

Torra Bay

Palgrave Point

C39

Springbok Gate

Koigab

OCEAN

C34

Tascanini

6

50 km

**128**

Main Gate

D | E | F

**N** | **G** | Dunguena | Cabanjona | Cuamato | Mulemba
Capira | | | Chetequera | N'Giva | Hongo
Caueque | Naulila (1097) | | | **1**
Quedas do Ruacana | Calueque Dam | C u n e n e | 40 | Chiede
**3** | Ruacana | | Oshikango | Namacunde
Ruacana Falls | Eunda | Ombalantu | Outapi | B1 | Eenhana
Nakayale | Okalongo | Ogongo | Oshikuku | 210 | 63 | **Ohangwena**
C46 | Elim | | 50 | Omuthiya
**Omusati** | Tsandi | | Oshakati | Oshigambo
C35 | Ongandjera | | Ondangwa | Oshigambo
Ombombo-Ovambo | | **Oshana** | Nakambale Museum | Onayena | **2**
C41 | | Ovudhia | | | Eunda
| Openono Lake | | |
**O v a m b o l a n d**
61 | | | Natukanaoka Pan
Otjitoko | | |
C35 | | | **3**
Okatjuru | | Etosha Pan
1328 | Tobiroen | Okahakana Pan | Etosha National Park | **2**
Otjikongo | | 1110 | Okondeka
Kowares | | *G r o o t v l a k t e* | Okaukuejo
118 | | Ombika | 48
| | Andersson Gate | **4**
Kamanjab | | |
Rodean | Aero | | C38
146 | Otjikondo | 115 | Neinsburg 1654
C40 | | Goreis |
C35 | | Outjo | **5**
Fransfontein | Dolomite Caves | Vrindskap
C39 | *F r a n s f o n t e i n b e r g e* | Hartseer
Khorixas | | Vingerklip Rock | Groot Paresis
Petrified Forest | Aba-Huab | | 1888
*V a m a r a l a n d* | | **Otjozondjupa** | 68
wyfelfontein | Organ Pipes Burnt Mountain | 120 | Okonyenya | Erundu Avond | **6**
| | **E r o n g o** | Eisenberg 1689 | Kalkfeld
Brandberg-West | Nature reserve | Omangambo | Ozondati | Omatjette | Otjiwe | Epako | Dinosaur's Tracks
White Lady 2574 | | | C33
Goboboseb | Brandberg

**129**

134

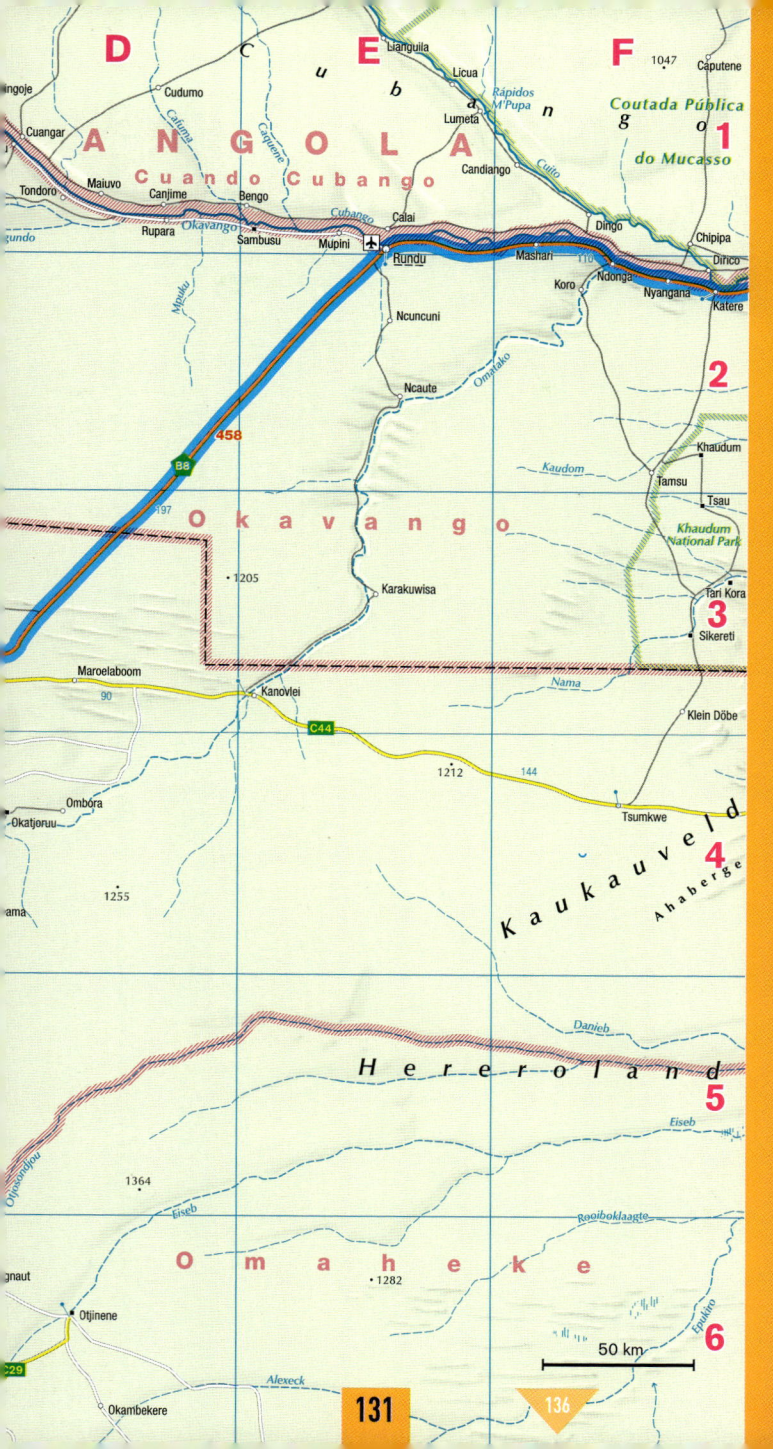

D   C   u   b   E   F   1047   Caputene

Lianguila
Licua
Cudumo   Lumeta   Rápidos   Coutada Pública
M'Pupa   do Mucasso
Cuango
ingoje   a   n   g   o
Cuangar   Calfma   Candiango

A   N   G   O   L   A   Cuito   1

C u a n d o   C u b a n g o
Maiuvo   Cubango   Calai   Dingo
Tondoro   Canjime   Bengo   Chipipa
Rupara   Okavango   Sambusu   Mupini   Masheri   Dirico
gundo   Rundu   Koro   Ndonga   Nyangana   Katere

Ncuncuni   Omatako

Ncaute   2

Khaudum
Kaudom   Tamsu
458   Tsau
B8   197   O k a v a n g o   Khaudum
National Park
1205   Karakuwisa   Tari Kora   3
Sikereti

Maroelaboom   Nama
90   Kanovlei   Klein Döbe
C44
1212   144
Ombóra   Tsumkwe
Okatjoruu
K a u k a u v e l d   4
1255   Ahaberge

Danieb

H e r e r o l a n d   5
Eiseb
1364
Ohpsonjou   Eiseb   Rooiboklaagte
O m a h e k e   1282
gnaut   Eindako   6
Otjinene
C29   Alexeck   50 km
131   136
Okambekere

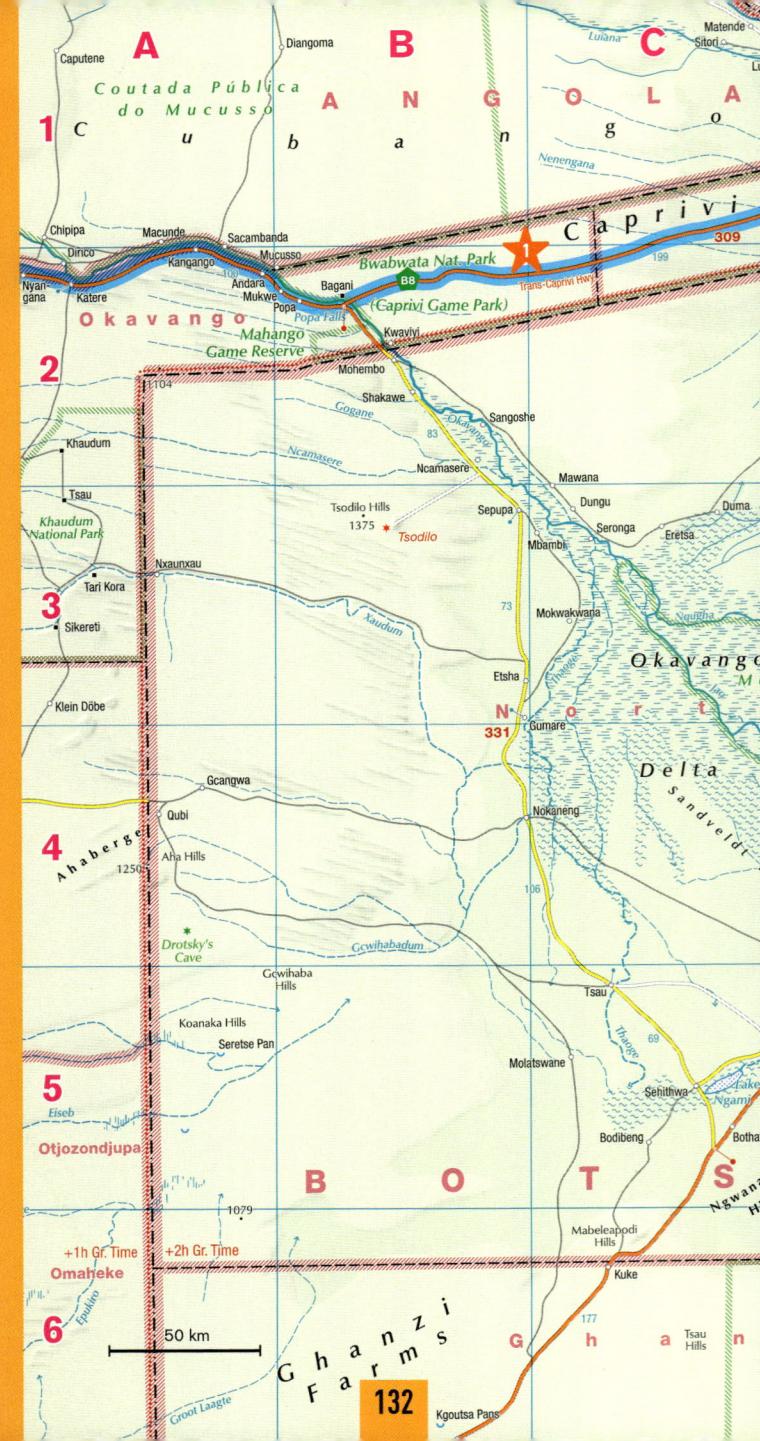

**A**    **B**    **C**

Caputene    Diangoma    Luiana    Matende Sitoti   Lu

**1**   C    *Coutada Pública do Mucusso*    **A N G O L A**

C    u    b    a    n    g    o

Nenengana

Chipipa   Macunde   Sacambanda    **C a p r i v i**    **309**

Dirico   Kangango   Mucusso    Bwabwata Nat. Park    199    Trans-Caprivi Hwy

Nyan-gana   Katere    Andara   Mukwe   Popa   Bagani   **B8**   (Caprivi Game Park)

**O k a v a n g o**    Popa Falls    Kwavivi

*Mahango Game Reserve*    Mohembo

**2**   104    Shakawe    Sangoshe

Khaudum    Gogane    Okavango    83

Tsau    *Ncamasere*    Ncamasere    Mawana

*Khaudum National Park*    Tsodilo Hills 1375    Sepupa    Dungu    Duma

*Tsodilo*    Mbambi    Seronga    Eretsa

**3**   Tari Kora   Nxaunxau    *Xaudum*    73    Mokwkwana    **O k a v a n g o**

Sikereti    Etsha    **M o**

Klein Döbe    **N o r t**    **D e l t a**

331    Gumare

Gcangwa    *sandveld*

**4**   *A h a b e r g e*   Qubi    Nokaneng

1250   Aha Hills    106

*Drotsky's Cave*    *Gcwihabadum*    Thaoge

Gcwihaba Hills    Tsau    69

Koanaka Hills   Seretse Pan    Molatswane

**5**   *Eiseb*    Sehithwa    Lake Ngami

**Otjozondjupa**    Bodibeng    Bothat

**B**    **O**    **T**    **S**    Ngwana Hi

1079    Mabeleapodi Hills

+1h Gr. Time   +2h Gr. Time    Kuke

**Omaheke**    Epakiro

**6**    50 km    *G h a n z i*    *F a r m s*    **G h a n**    177   Tsau Hills

Groot Laagte    **132**    Kgoutsa Pans

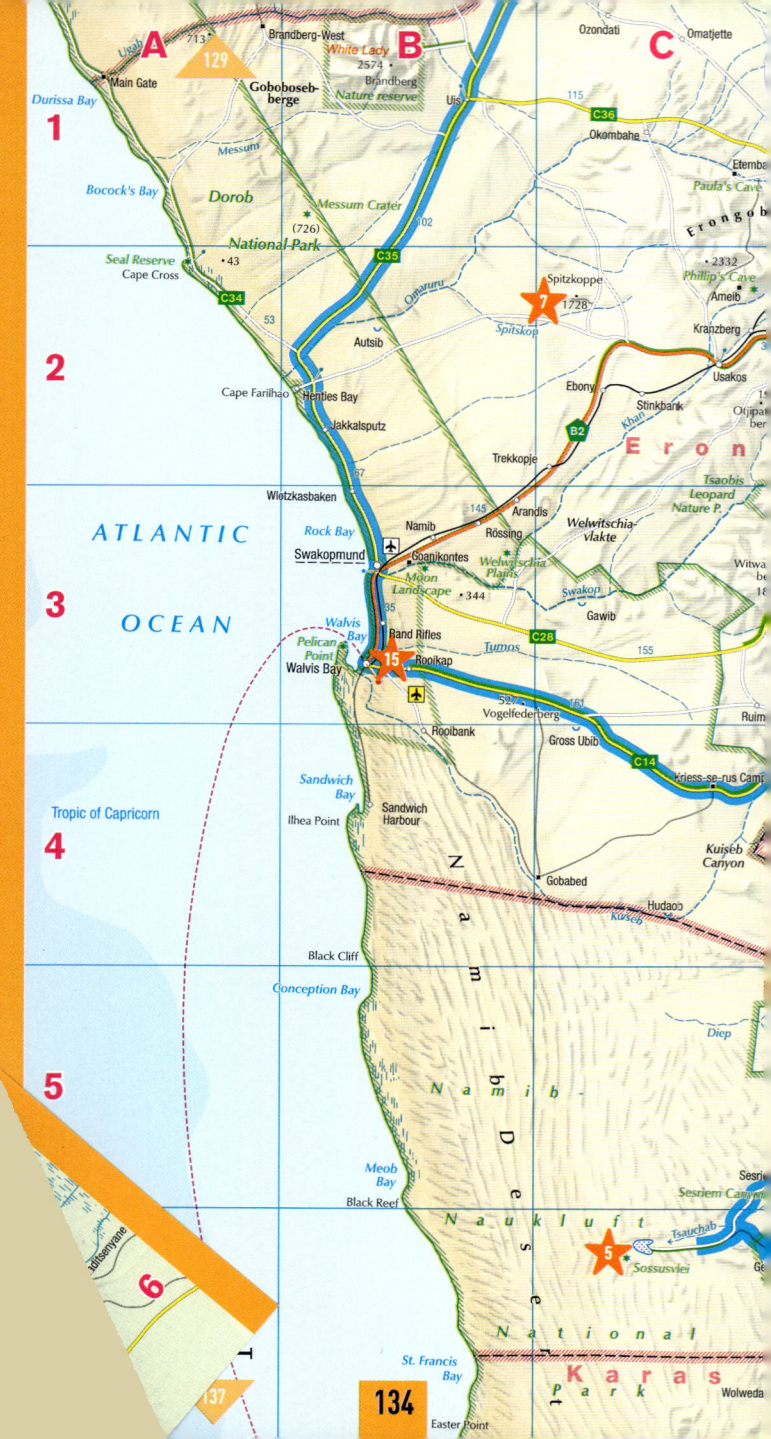

**1**

Durissa Bay

Usab

713

129

Main Gate

Brandberg-West

*White Lady*

Goboboseb-berge

2574
Brandberg
*Nature reserve*

Uis

Ozondati

Omatjette

115

C36

Okombahe

Bocock's Bay

Messum

Dorob

Etemba

*Paula's Cave*

Messum Crater

E r o n g o

*National Park*

(726)

102

C35

Omaruru

• 2332

*Phillip's Cave*

Ameib

Spitzkoppe

Seal Reserve

Cape Cross

• 43

C34

Spitzkoppe

1728

7

*Spitskop*

Kranzberg

53

**2**

Autsib

Usakos

Ebony

Stinkbank

Otjipa-ber

Cape Farilhao

Henties Bay

Jakkalsputz

B2

Khan

E r o n

Trekkopje

Trekkopje

*Tsaobis
Leopard
Nature P.*

57

Wlotzkasbaken

145

Arandis

*Welwitschia-
vlakte*

**A T L A N T I C**

Rock Bay

Namib

Rössing

*Welwitschia
Plains*

Witwa-
be

18

Swakopmund

Goanikontes

Swakop

**3**

**O C E A N**

*Moon
Landscape*

• 344

35

Gawib

155

*Walvis
Bay*

Band Rifles

C28

Tumos

Pelican
Point

15

Rooikap

Walvis Bay

52

Vogelfederberg

Ruim

Rooibank

Gross Uib

C14

Kriess-se-rus Camp

*Sandwich
Bay*

Sandwich
Harbour

Kuiseb

Ilhea Point

**4**

Tropic of Capricorn

Z

Kuiseb
Canyon

Gobabed

Hudaob

Kuiseb

N

Black Cliff

a

m

Conception Bay

i

b

*Diep*

**5**

Namib

N

a

m

i

b

D

e

s

Sesri

*Sesriem Canyon*

Meob
Bay

Black Reef

N a u k l u f t

Tsauchab

s

e

5

*Sossusvlei*

Ge

N a t i o n a l

137

St. Francis
Bay

**134**

K a r a s

P a r k

Wolweda

Easter Point

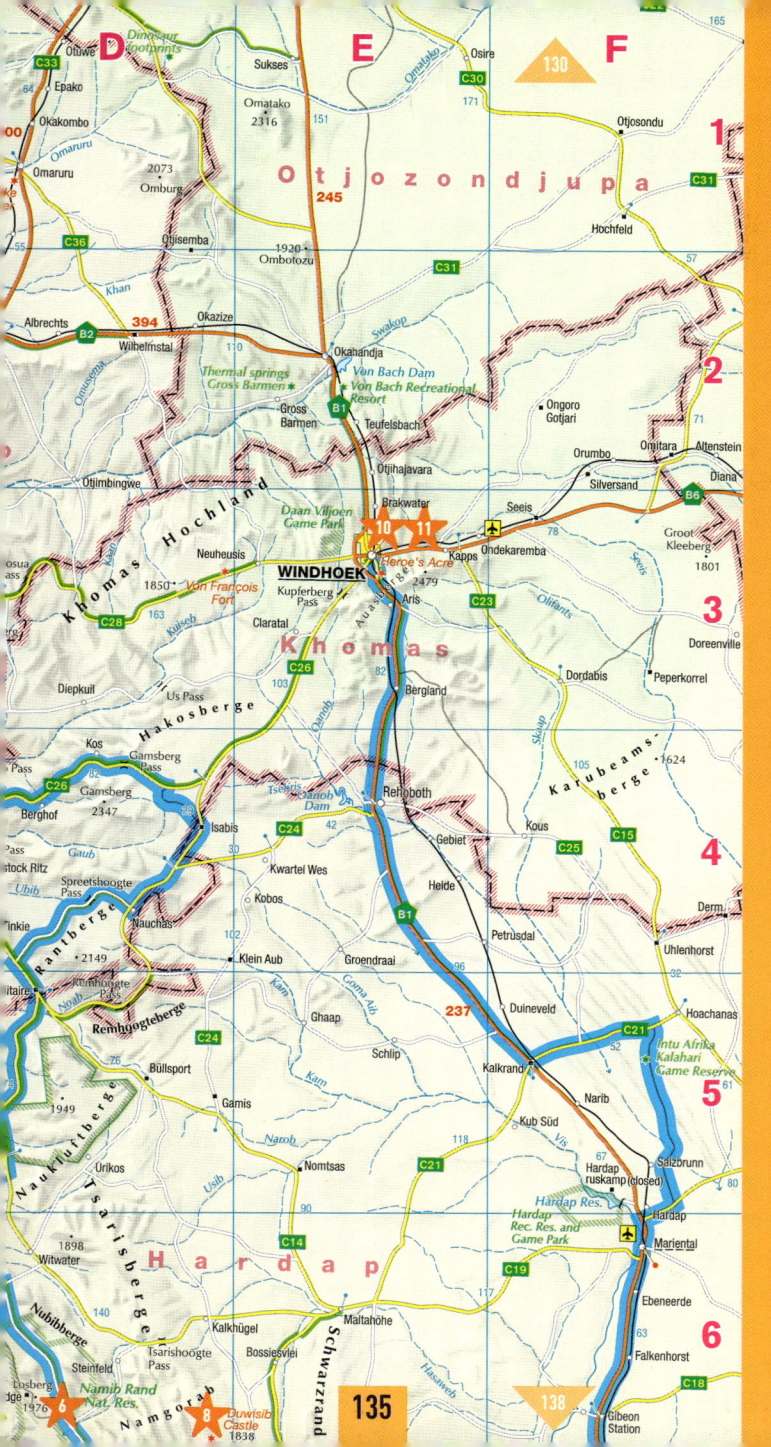

Okondjatu  C22

Otjozondjupa

131

Blignaut

Otjinene

1

Summerdown

C31

Okambekere

O  m  a  h  e  k  e

Alexeck

Hochfeld

96

Epukiro

Omawewozonyanda

57

C29

Epukiro

Labora

Steinhausen

118

C30

1476

Drimiopsis

2

71

Xana

Onjitara

Altenstein

1353

Diana

Witvlei

Auhelb

Buitepos

Mamuno

B6

312

116

Ninette

Groot

Kleeberg

1801

Gobabis

Wit-Nossob

Swart-Nossob

11

1532

C22

G  r  o  o  t  d  u  i  n

+1h Gr. Time    +2h
                Gr. Time

3

160

Doreenville

Uichenes

Peperkorrel

Dismyne

Kule

Nina

130

Onderombapa

Ncoja

1624

Khomas

C20

Gross Ums

Achab

C23

Tropic of Capricorn

B

C15

4

Nossob

Leonardville

O

Derm

Nollan

T

Uhlenhorst

90

Aminius

S

22

W

Hoachanas

C22

A

C21

Intu Afrika
Kalahari
Game Reserve

52

N

75

61

A

Aranos

5

C15

Stampriet

Salzbrunn

85

Hardap
ruskamp (closed)
Hardap

67

80

Hardap

Mariental

73

100

C18

Akanous

30

Ebeneerde

Lendepas

63

Gochas

6

Falkenhorst

127

Auob

Oliphants

C18

138

Witbooisvlei

C15

SOUTH
AFRIC

Gibeon
Station

Wolwekraal

136

50 km

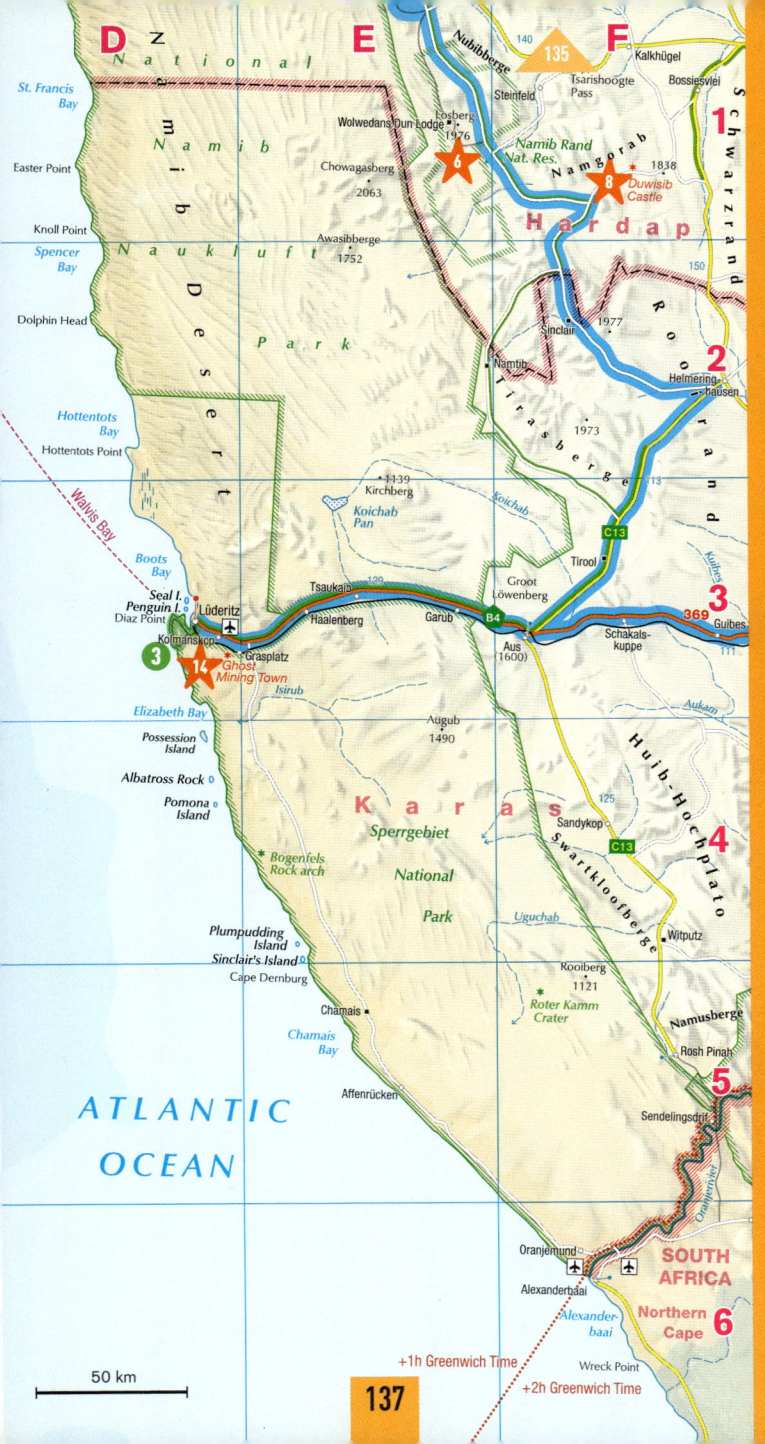

ATLANTIC

OCEAN

50 km

+1h Greenwich Time
+2h Greenwich Time

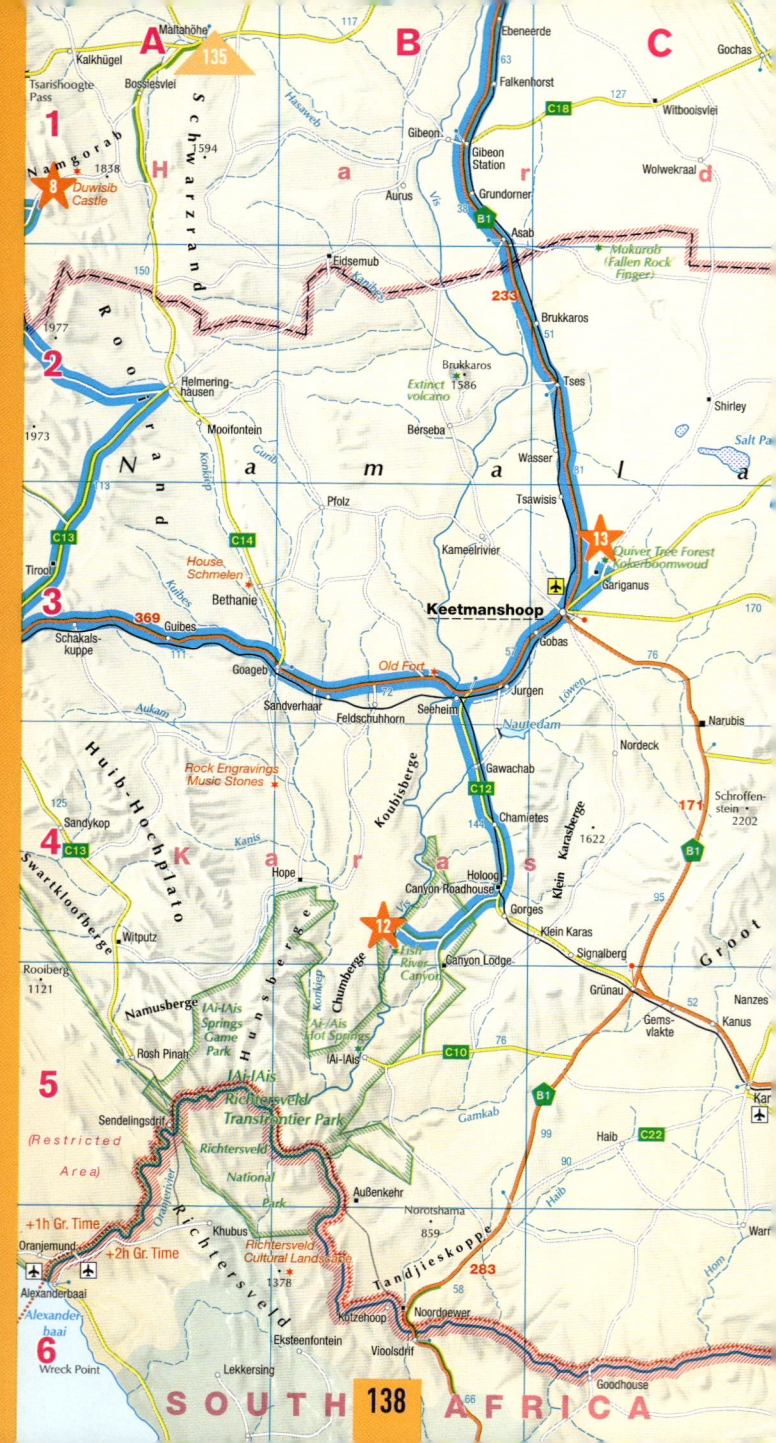

Lendepas

△ 136

Kgalagadi

Gemsbok
National Park

1

+1h Gr. Time  +2h Gr. Time

50 km

Oliфants

95

a

p

C15 Eindpaal

Brakpan   Tweerivier

Nossob Camp

Transfrontier

495

68

Kalahari Gemsbok
National Park

BOTSWANA

2

Mata Mata

Koës

n   d

273

C17

Park

Gaibis

Urikaruus
Camp

Auob

Springboktrek
Suid

Gross Aub

Twee Rivieren

3

C16

298

105   Rietfontein

Hakskeenpan

Bokspits

Molopo

Aroab

C11

R 31

Stone
Rondavel

1049

Andriesvale   Witdraai

Kuruman Riv.

47

Uitsak-
pan

Koppieskraal-
pan

Askham

Cramond

Warmfontein

23

Vredeshoop

Koopan-Suid

rasberge

Obobogorap

4

Abiekwasputs

152

Noenieput

Betsjoeanaland

Kanab

C11

195

Vrouenspan

SOUTH

Nuwefontein

Bokhara

Swartmodder

Gelukspruit

AFRICA   5

126   Nakop

Grondneus

Harnab

Kûms   329

Ariamsvlei

Platrant   147

Spitskop
Nat R.

103

Ham

Blydeverwacht

1008   Lutzputs   N10

Augrabies
Falls N. P.

Orange

C10   Velloor

Augrabies Falls

Upington

52

Louisvale

1033

Augrabies

Keimoes   Kanoneiland

Onseepkans

Marchand

40   Kakamas

Neilersdrif

Northern

Alheit

Cape   6

133

Bladgrond

Nabies

R 27

Pella

N14   139

96

52

# KARTENLEGENDE

| | | |
|---|---|---|
| Autobahn, mehrspurige Straße - in Bau<br>Highway, multilane divided road - under construction | | Autoroute, route à plusieurs voies - en construction<br>Autosnelweg, weg met meer rijstroken - in aanleg |
| Fernverkehrsstraße - in Bau<br>Trunk road - under construction | | Route à grande circulation - en construction<br>Weg voor interlokaal verkeer - in aanleg |
| Hauptstraße<br>Principal highway | | Route principale<br>Hoofdweg |
| Nebenstraße<br>Secondary road | | Route secondaire<br>Overige verharde wegen |
| Fahrweg, Piste<br>Practicable road, track | | Chemin carrossable, piste<br>Weg, piste |
| Straßennummerierung<br>Road numbering | B 2  C 33  R 521  N 1 | Numérotage des routes<br>Wegnummering |
| Entfernungen in Kilometer<br>Distances in kilometers | 259<br>130  129 | Distances en kilomètres<br>Afstand in kilometers |
| Höhe in Meter - Pass<br>Height in meters - Pass | 1365 | Altitude en mètres - Col<br>Hoogte in meters - Pas |
| Eisenbahn - Eisenbahnfähre<br>Railway - Railway ferry | | Chemin de fer - Ferry-boat<br>Spoorweg - Spoorpont |
| Autofähre - Schifffahrtslinie<br>Car ferry - Shipping route | | Bac autos - Ligne maritime<br>Autoveer - Scheepvaartlijn |
| Wichtiger internationaler Flughafen - Flughafen<br>Major international airport - Airport | ✈ ✈ | Aéroport importante international - Aéroport<br>Belangrijke internationale luchthaven - Luchthaven |
| Internationale Grenze - Provinzgrenze<br>International boundary - Province boundary | | Frontière internationale - Limite de Province<br>Internationale grens - Provinciale grens |
| Unbestimmte Grenze<br>Undefined boundary | | Frontière d'État non définie<br>Rijksgrens onbepaalt |
| Zeitzonengrenze<br>Time zone boundary | +1h Greenwich Time<br>+2h Greenwich Time | Limite de fuseau horaire<br>Tijdzone-grens |
| Hauptstadt eines souveränen Staates<br>National capital | **WINDHOEK** | Capitale nationale<br>Hoofdstad van een souvereine staat |
| Hauptstadt eines Bundesstaates<br>Federal capital | Omaruru | Capitale d'un état fédéral<br>Hoofdstad van een deelstaat |
| Sperrgebiet<br>Restricted area | | Zone interdite<br>Verboden gebied |
| Nationalpark<br>National park | | Parc national<br>Nationaal park |
| Antikes Baudenkmal<br>Ancient monument | ∴ | Monument antiques<br>Antiek monument |
| Sehenswertes Kulturdenkmal<br>Interesting cultural monument | ★ *White Lady* | Monument culturel intéréssant<br>Bezienswaardig cultuurmonument |
| Sehenswertes Naturdenkmal<br>Interesting natural monument | ★ *Sossusvlei* | Monument naturel intéréssant<br>Bezienswaardig natuurmonument |
| Brunnen<br>Well | ∪ | Puits<br>Bron |
| Ausflüge & Touren<br>Trips & Tours | | Excursions & tours<br>Uitstapjes & tours |
| Perfekte Route<br>Perfect route | | Itinéraire idéal<br>Perfecte route |
| MARCO POLO Highlight | ★1 | MARCO POLO Highlight |

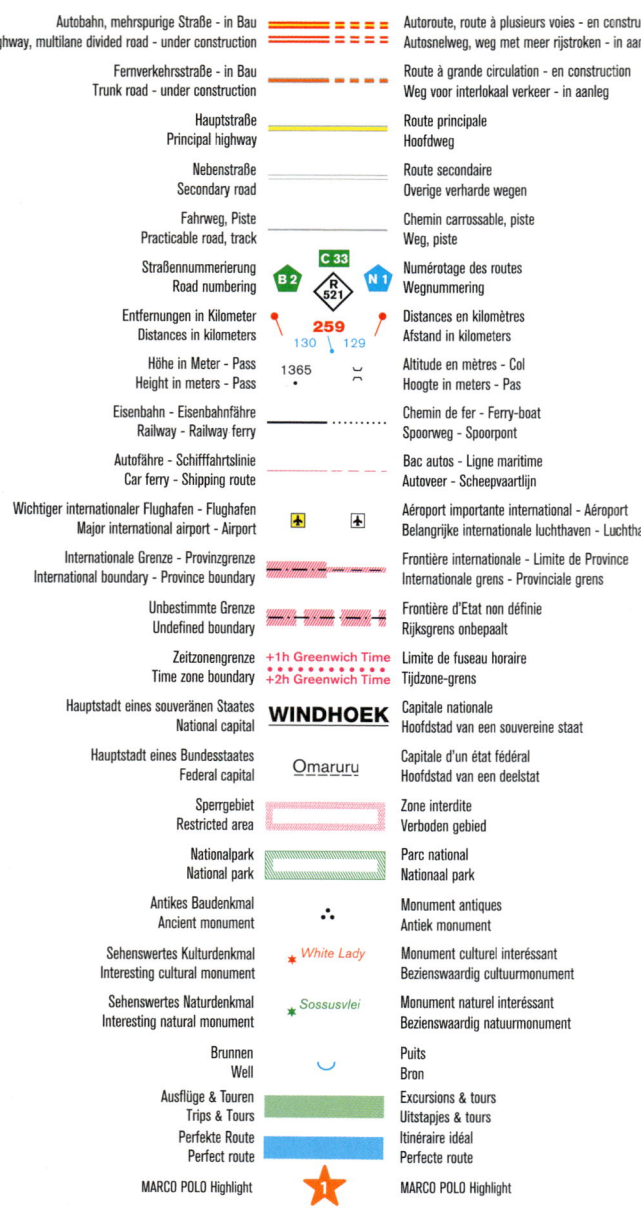

Tsintsabis 42
Tsumeb 40, **41**, 43, 110
Twyfelfontein 21, 30, **61**
Uis 62
Valombola-Ongwediva 108
Verbrannter Berg (Burnt Mountain) 61
Versteinerter Wald (Petrified Forest) 62

Victoria Falls 33, **37**
Vingerklip 62
Vogelsang, Heinrich 95
Von Bach Dam 73
Walvis Bay 30, **65**, 104, 107, 110
Waterberg 19, **75**
Waterval 11, **94**
Welwitschia Drive 60

Wilde Pferde von Garub 30, **97**
Windhoek 12, 16, 17, 19, 30, 68, **79**, 110, 111, 116
Witvlei 110
Wlotzkasbaken 23
Wrack der Zeila 49
Zeila 49

# SCHREIBEN SIE UNS!

**SMS-Hotline: 0163 6 39 50 20**

**E-Mail: info@marcopolo.de**

Egal, was Ihnen Tolles im Urlaub begegnet oder Ihnen auf der Seele brennt, lassen Sie es uns wissen! Ob Lob, Kritik oder Ihr ganz persönlicher Tipp – die MARCO POLO Redaktion freut sich auf Ihre Infos.

Wir setzen alles dran, Ihnen möglichst aktuelle Informationen mit auf die Reise zu geben. Dennoch schleichen sich manchmal Fehler ein – trotz gründlicher Recherche unserer Autoren/innen. Sie haben sicherlich Verständnis, dass der Verlag dafür keine Haftung übernehmen kann. Kontaktieren Sie uns per SMS, E-Mail oder Post!

MARCO POLO Redaktion
MAIRDUMONT
Postfach 31 51
73751 Ostfildern

**IMPRESSUM**

Titelbild: Getty Images: National Geographic (Kobersteen) (Giraffen)

Fotos: Leigh Daniz (16 u.); DuMont Bildarchiv: Emmler (28, 29, 30 l., 50, 53, 56, 60, 95, 106, 110, 111, 114 o.); Silke Feldmann (16 M.); © fotolia.com: Bernd Leitner (16 o.); Getty Images: National Geographic (Kobersteen) (1 o.); G. Hartmann (36, 78 l.); Huber: Bernhart (2 o., 5, 13, 24/25), Cossa (20), Fantuz (63, 93), Kreder (78/79, 110/111), Lawrence (Klappe r.), Mehlig (3 o., 10/11, 68/69), Ritterbach (Klappe l.), Schmid (7, 81, 97); F. Köthe (54, 75, 87); Laif: Emmler (27, 28/29, 46, 62, 72, 115), Heeb (18/19, 49, 114 u.); La Terra Magica: Lenz (30 r.); Look: age fotostock (2 M. u., 32/33); K. Maeritz (2 u., 44/45); mauritius images: Africa Media Online (26 r.), Alamy (3 M., 3 u., 9, 22, 26 l., 59, 64, 67, 76, 88/89, 90, 98/99, 100/101, 104/105, 108), Harscher (4), imagebroker (Doering) (39), imagebroker (Gerhard) (82), imagebroker (Handl) (41), imagebroker (Mueller) (70), imagebroker (von Poser) (6), Prisma (34), Warburton-Lee (2 M. o., 8), H. Mielke (14, 43, 108/109, 126/127); C. Selz (1 u., 102); Snowballstudio.com: Stefan Redecker (17 u.); T. Stankiewicz (84, 109); Wilderness Safaris: Dana Allen (17 o.)

**8., komplett neu erstellte Auflage 2013**

© MAIRDUMONT GmbH & Co. KG, Ostfildern

Chefredaktion: Michaela Lienemann (Konzept, Chefin vom Dienst), Marion Zorn (Konzept, Textchefin)
Autor: Christian Selz; Redaktion: Felix Wolf
Verlagsredaktion: Anita Dahlinger, Ann-Katrin Kutzner, Nikolai Michaelis
Bildredaktion: Gabriele Forst
Im Trend: wunder media, München; Kartografie Reiseatlas: © MAIRDUMONT, Ostfildern;
Kartografie Faltkarte: © MAIRDUMONT, Ostfildern
Innengestaltung: milchhof:atelier, Berlin; Titel, S. 1, Titel Faltkarte: factor product münchen
Sprachführer: in Zusammenarbeit mit Ernst Klett Sprachen GmbH, Stuttgart, Redaktion PONS Wörterbücher
Das Werk einschließlich aller seiner Teile ist urheberrechtlich geschützt. Jede urheberrechtsrelevante Verwertung ist ohne Zustimmung des Verlags unzulässig und strafbar. Das gilt insbesondere für Vervielfältigungen, Übersetzungen, Nachahmungen, Mikroverfilmungen und die Einspeicherung und Verarbeitung in elektronischen Systemen.
Printed in China

# BLOSS NICHT ☝

**Ein paar Dinge, die Sie in Namibia beachten sollten**

## ZU WENIG WASSER MITNEHMEN

Die namibische Sonne trocknet nicht nur das Land, sondern auch die Menschen erbarmungslos aus. Packen Sie auf Wanderungen lieber zu viel Wasser ein. Auch im Auto sollten immer mehrere Kanister vorhanden sein – bei Motorschäden ist der nächste Pannendienst in der Regel nicht um die Ecke.

## IM CAPRIVIZIPFEL BADEN

Die Sandstrände von Okavango und Sambesi sind teilweise sehr verlockend, doch selbst im klaren Wasser schaffen Krokodile es, sich unbemerkt zu nähern. Lebensgefahr!

## EIGENE ALLRADFAHRKÜNSTE ÜBERSCHÄTZEN

Raus aus dem Flieger und rein ins Vergnügen: Mit zu viel Schwung hat das schon bei manchem Urlauber zu Unfällen geführt. Die meisten Allradfahrzeuge sind kopflastiger als herkömmliche PKW und haben dementsprechend eine schlechtere Kurvenlage. Außerdem ist ihr Bremsweg – insbesondere auf Schotterstraßen – länger als der eines Golfs auf einer deutschen Autobahn. Gehen Sie es langsam an und genießen Sie die Landschaft!

## IM NATURPARK AUS DEM AUTO STEIGEN

Obwohl es ausdrücklich verboten ist, klettern selbst im Etosha National Park immer wieder Besucher aus ihren Wagen. Zum Fotografieren ist das ohnehin nicht sinnvoll, weil die Tiere vor Menschen mehr Scheu haben als vor Autos. Für andere Probleme gibt es in den Camps Toiletten. Wer trotzdem zu Fuß loszieht, dem könnten es von Tuberkulose geschwächte Raubtiere danken, die keine andere Beute mehr erwischen, – oder die Parkranger ernsthaft übel nehmen.

## FLÜSSE DURCHFAHREN

Die meisten Mietverträge schließen es ohnehin aus, doch schon aus Eigeninteresse sollten Sie abkommende Riviere während der Regenzeit meiden, auch wenn das Umwege oder gar Änderungen der Reiseroute notwendig macht. Bleibt Ihr Wagen im Wasser stecken und schwillt der Fluss in der Folge an, ist das Fahrzeug womöglich verloren. Außerdem kann in tiefem Wasser die Elektronik Schaden nehmen. Auf Querfeldeinfahrten durch die Wüste oder über Salzpfannen sollten Sie ebenfalls verzichten, nicht nur weil Sie dort stecken bleiben können, sondern auch, um diese sensiblen Ökosysteme nicht zu schädigen.

## TANKSTELLEN AUSLASSEN

Weder die Entfernungen noch den Benzinverbrauch von Geländewagen dürfen Sie in Namibia unterschätzen. Und auch wenn die Situation sich verbessert hat, kommt es immer noch vor, dass einer Tankstelle auf dem Land die Ware ausgeht. Ersatzreifen und Wagenheber gehören zur Grundausstattung, auch eine Reifenpumpe ist sinnvoll.

# REGISTER

Hier finden Sie alle in diesem Reiseführer erwähnten Orte und Ausflugsziele sowie einige wichtige Sachbegriffe und Personen. Gefettete Seitenzahlen verweisen auf den Haupteintrag.

/Ai-/Ais Hot Springs 91
/Ai-/Ais Richtersveld Trans-
frontier Park 23, 90
//Garas Park 92
Aba-Huab River Valley 17
Achatstrand 96
Afrikaner, Jonker 72
Amadhila, Walter 82
Amuketes, Samuel 82
Baster 18, 76, 77
Bennie's Entertainment
Park (Valombola-Ongwe-
diva) 108
Berner, Dörte 87
Bogenfels 96
Brandberg 64
Brukkaros 93
Burnt Mountain 61
Bwabwata National Park 31,
**34**
Cape Cross 12, **48**
Caprivi, Leo von 33
Caprivizipfel 13, 20, 31, 32,
98, 105, 121
Cheetah Conservation
Fund 74
Chobe National Park 100
Daan Viljoen Game
Park 108
Damara 12, 48
Dead Vlei 30, 53
Diamantensperrgebiet 96
Diamond Coast Recreation
Area 103
Diaz, Batholomeu 96
Diaz Point **96**, 103
Dinosaur's Tracks 75
Dorob National Park 48
Düne Sieben 66
Duwisib Castle 70
Eberlanzhöhle 103
Epupa Falls 20, 30, **45**
Etosha National Park 16, 17,
31, 32, **38**, 107, 112, 144
Fish River Canyon 30, **89**
Fredericks, Joseph 95
Freshwater Fish Institute 79
Garub 30, **97**
Geingob, Hage 83
Gondwana Cañon Park 90,
91
Grootfontein 41
Gross Barmen 72
Große Bucht 103
Guano Bay 103
Guinassee (Lake Guinas) 43
Halifax 103, 109
Hardap Dam 78
Helmeringhausen 69

Henties Bay 46
Herero 12, 13, 15, 19, 68, 72,
76, 80, 92, 111, 118
Heroes' Acre 20, **87**
Himba 12, 20, 28, 30, 40,
44, 57, 112
Hobameteorit 43
Intu Afrika Kalahari Game
Reserve 30, **79**, 112
Kamanjab 48, 112
Kasikili 100
Katima Mulilo 31, **35**, 99
Kavango-Zambezi Transfron-
tier Conservation Area
(KaZa TFCA) 14, 23, 34, **37**
Keetmanshoop 92
Khowaribschlucht 51
Köcherbaumwald 30, **93**
Kolmanskop 88, **97**
Kongola 36
Korn, Hermann 50, 114
Kristallkellerei (Omar-
uru) 64
Kuiseb Canyon 30, **50**
Kunene River Lodge 46
Kutako, Hosea 72
Lake Guinas 43
Lake Oanob (Oanob
Dam) 77
Lake Otjikoto 43
Lewala, Zacharias 88, 118
Lüderitz 12, 13, 27, 30, 88,
**94**, 103, 109, 110, 111
Lüderitz, Adolf 13, 95
Mahango Game Reserve 35
Maharero, Samuel 72
Marais, Nicky 16
Martin, Henno 50, 114, 118
Mashi Craft Market (Kon-
gola) 35
Mesosaurus Fossil Site 109
Mondlandschaft 60
Muafangejo, John 82
Mudumu National Park 36
Mundulea Nature Re-
serve 107
Nakambale-Museum 40
Nama 12, 13, 15, 44, 68, 72,
76, 80, 92, 95, 118
Namib-Naukluft National
Park 49
Namib Rand Nature Re-
serve 54
Namtib Biosphere Re-
serve 70
Naturpark Tirasberge 71
Naukluftberge 50
Naukluft Mountain Zebra
Park 50

Nujoma, Sam 15, 23, 42
Oanob Dam 77
Okahandja 68, **71**, 111
Omaruru 16, 64, 112
Onankali Mahangu Paper
Making Cooperative 40
Ondangwa 39
Ongongo Falls 52
Onguma Reserve 38
Opuwo 30
Oranje 27, **91**
Organ Pipes 61
Oshakati 32, **39**
Otavi 41
Otjikotosee (Lake Otji-
koto) 43
Otjivero 21
Otjiwarongo **73**, 110
Ovambo 18, 26, 28, 32, 39,
40, 42
Palmwag Concession
Area 52
Pelican Point 30, **66**, 67
Peperkorrel 87
Petrified Forest 62
Pohamba, Hifikepunye 15,
23
Pomona 96
Popa Falls 36
Radford Bay 103
Rehoboth 76
Rehobother Baster 18, 76,
77
Rostock Ritz 50
Ruacana 20
Ruacana Falls 30, **40**
Rust, Imke 16
Salambala Forest 37
San 12, 18, 21, 28, 30, 42,
64, 79, 94, 112
Sandwich Harbour 67
Schuckmannsburg 99
Sesfontein 51
Sesriem Canyon 30, **55**
Skeleton Coast National
Park 23, **52**
Sossusvlei 17, 30, **53**
Spitzkoppe 60
Stampriet 27, **77**
Stauch, August 88, 118
Swakopmund 12, 16, 30,
48, **55**, 104, 106, 110, 111
Swapo (South West Africa
People's Organization) 14,
23, 39, 42, 118
Timm, Uwe 118
Tirasberge 71
Topnaar 107
Trotha, Lothar von 80

# FÜR DIE NÄCHSTE REISE ...

# ALLE **MARCO POLO** REISEFÜHRER

### DEUTSCHLAND

Allgäu
Bayerischer Wald
Berlin
Bodensee
Chiemgau/
   Berchtesgadener
   Land
Dresden/
   Sächsische
   Schweiz
Düsseldorf
Eifel
Erzgebirge/
   Vogtland
Föhr/Amrum
Franken
Frankfurt
Hamburg
Harz
Heidelberg
Köln
Lausitz/
   Spreewald/
   Zittauer Gebirge
Leipzig
Lüneburger Heide/
   Wendland
Mecklenburgische
   Seenplatte
Mosel
München
Nordseeküste
   Schleswig-
   Holstein
Oberbayern
Ostfriesische Inseln
Ostfriesland/
   Nordseeküste
   Niedersachsen/
   Helgoland
Ostseeküste
   Mecklenburg-
   Vorpommern
Ostseeküste
   Schleswig-
   Holstein
Pfalz
Potsdam
Rheingau/
   Wiesbaden
Rügen/Hiddensee/
   Stralsund
Ruhrgebiet
Sauerland
Schwarzwald
Stuttgart
Sylt
Thüringen
Usedom
Weimar

### ÖSTERREICH SCHWEIZ

Berner Oberland/
   Bern
Kärnten
Österreich
Salzburger Land
Schweiz

Steiermark
Tessin
Tirol
Wien
Zürich

### FRANKREICH

Bretagne
Burgund
Côte d'Azur/
   Monaco
Elsass
Frankreich
Französische
   Atlantikküste
Korsika
Languedoc-
   Roussillon
Loire-Tal
Nizza/Antibes/
   Cannes/Monaco
Normandie
Paris
Provence

### ITALIEN MALTA

Apulien
Dolomiten
Elba/Toskanischer
   Archipel
Emilia-Romagna
Florenz
Gardasee
Golf von Neapel
Ischia
Italien
Italienische Adria
Italien Nord
Italien Süd
Kalabrien
Ligurien/Cinque
   Terre
Mailand/
   Lombardei
Malta/Gozo
Oberital. Seen
Piemont/Turin
Rom
Sardinien
Sizilien/Liparische
   Inseln
Südtirol
Toskana
Umbrien
Venedig
Venetien/Friaul

### SPANIEN PORTUGAL

Algarve
Andalusien
Barcelona
Baskenland/
   Bilbao
Costa Blanca
Costa Brava
Costa del Sol/
   Granada

Fuerteventura
Gran Canaria
Ibiza/Formentera
Jakobsweg/
   Spanien
La Gomera/
   El Hierro
Lanzarote
La Palma
Lissabon
Madeira
Madrid
Mallorca
Menorca
Portugal
Spanien
Teneriffa

### NORDEUROPA

Bornholm
Dänemark
Finnland
Island
Kopenhagen
Norwegen
Oslo
Schweden
Stockholm
Südschweden

### WESTEUROPA BENELUX

Amsterdam
Brüssel
Cornwall und
   Südengland
Dublin
Edinburgh
England
Flandern
Irland
Kanalinseln
London
Luxemburg
Niederlande
Niederländische
   Küste
Schottland

### OSTEUROPA

Baltikum
Budapest
Danzig
Krakau
Masurische Seen
Moskau
Plattensee
Polen
Polnische
   Ostseeküste/
   Danzig
Prag
Slowakei
St. Petersburg
Tallinn
Tschechien
Ukraine
Ungarn
Warschau

### SÜDOSTEUROPA

Bulgarien
Bulgarische
   Schwarzmeer-
   küste
Kroatische Küste/
   Dalmatien
Kroatische Küste/
   Istrien/Kvarner
Montenegro
Rumänien
Slowenien

### GRIECHENLAND TÜRKEI ZYPERN

Athen
Chalkidiki/
   Thessaloniki
Griechenland
   Festland
Griechische Inseln/
   Ägäis
Istanbul
Korfu
Kos
Kreta
Peloponnes
Rhodos
Samos
Santorin
Türkei
Türkische Südküste
Türkische Westküste
Zákinthos/Itháki/
   Kefaloniá/Léfkas
Zypern

### NORDAMERIKA

Alaska
Chicago und
   die Großen Seen
Florida
Hawai´i
Kalifornien
Kanada
Kanada Ost
Kanada West
Las Vegas
Los Angeles
New York
San Francisco
USA
USA Ost
USA Südstaaten/
   New Orleans
USA Südwest
USA West
Washington D.C.

### MITTEL- UND SÜDAMERIKA

Argentinien
Brasilien
Chile
Costa Rica
Dominikanische
   Republik

Jamaika
Karibik/
   Große Antillen
Karibik/
   Kleine Antillen
Kuba
Mexiko
Peru/Bolivien
Venezuela
Yucatán

### AFRIKA UND VORDERER ORIENT

Ägypten
Djerba/
   Südtunesien
Dubai
Israel
Jordanien
Kapstadt/
   Wine Lands/
   Garden Route
Kapverdische
   Inseln
Kenia
Marokko
Namibia
Rotes Meer/Sinai
Südafrika
Tansania/
   Sansibar
Tunesien
Vereinigte
   Arabische
   Emirate

### ASIEN

Bali/Lombok/Gilis
Bangkok
China
Hongkong/Macau
Indien
Indien/Der Süden
Japan
Kambodscha
Ko Samui/
   Ko Phangan
Krabi/Ko Phi Phi/
   Ko Lanta
Malaysia
Nepal
Peking
Philippinen
Phuket
Shanghai
Singapur
Sri Lanka
Thailand
Tokio
Vietnam

### INDISCHER OZEAN UND PAZIFIK

Australien
Malediven
Mauritius
Neuseeland
Seychellen